JULES MICHELET.

▷＊◁

LA FRANCE
DEVANT L'EUROPE

« Les juges seront jugés »

SECONDE ÉDITION.

FLORENCE
SUCCESSEURS LE MONNIER

EN FRANCE, aux Succursales provisoires de la Librairie HACHETTE et Cie

LYON, rue Mercière, 26 | TOURS, rue Royale, 82

Février 1871

LA FRANCE DEVANT L'EUROPE.

IMPRIMERIE DES SUCCESSEURS LE MONNIER.

JULES MICHELET

LA FRANCE

DEVANT L'EUROPE

« Les juges seront jugés. »

SECONDE ÉDITION.

FLORENCE

SUCCESSEURS LE MONNIER

LYON	BORDEAUX
ACHILLE FAURE	CHARLES LÉVY
(MAISON HACHETTE)	·(MAISON HACHETTE)
26, rue Mercier.	137, rue Sainte-Catherine.

Février 1871.

PRÉFACE DE LA SECONDE ÉDITION.

1ᵉʳ février 1871.

J'avais fini ce livre à la fin de décembre. Que de choses en un mois! Quelles tragédies sauvages en ce cruel janvier! Et vers la fin, quel coup!... Mais nous n'en sommes pas accablés.

L'hiver le plus féroce avait exaspéré la guerre. Dans les Vosges le froid descendit à 19 degrés. Nos ennemis, énormément nombreux, tellement supérieurs pour les ressources de tout genre, bien nourris, profitaient âprement de cette saison, de notre dénuement et d'un infini de misères. Bien loin de s'adoucir par le succès, leur fureur s'irritait. Combien de francs-tireurs n'ont-ils pas fusillés! Qui ne sait qu'à Pouilly près Dijon, ils en ont brûlé à petit feu? qu'ils ont, non loin de là, égorgé à l'aveugle une ambulance, deux chirurgiens français?

Tout cela est prouvé par enquête si régulière, qu'eux-mêmes n'ont pas pu le nier.

Le monde encore n'avait rien vu de tel. Il a regardé et frémi. L'excès de nos malheurs, l'héroïsme de nos résistances, l'ont surpris et touché. Quel revirement d'opinion en peu de mois! J'ose le dire: *Plus de neutres en Europe.*

Un Américain me disait ce matin même: « Hier tout allemands, nous voici tout français. »

Une grande ville de deux millions d'âmes, impossible à nourrir, dont les vivres étaient calculés et finissaient, n'en a pas moins été bombardée par plaisir, au moment où la faim infailliblement la livrait. Et bombardée comment? Avec l'art terroriste suivi dans cette guerre, en épargnant les murs, frappant sur l'habitant. Leurs cartes de Paris, dressées dès 67, les ont parfaitement dirigés. D'innombrables obus ont été envoyés au quartier des écoles, des colléges, des hôpitaux. Ce paisible Paris des enfans et des professeurs, des savans, du Jardin des plantes, de l'Institut, est comme un monde à part, tout étranger à l'action. Je me rappelle encore 1815, le respect avec lequel Alexandre et les rois d'alors, conduits par M. de Humboldt, visitèrent l'Institut et le Jardin des plantes. Aujourd'hui la visite est autre : un obus est tombé sur les vénérables maisons de Cuvier, Geoffroy Saint-Hilaire, près du lit de sa veuve, âgée de 84 ans.

Et tout cela pourquoi? Puisque Paris en était à manger les grains gardés pour la semence, que l'autorité elle-même publiquement avait mis à la halle, le terme dernier arrivait et était connu. Plus de chauffage en ce terrible hiver. Bercy brûlé, les vins étaient détruits, et avec eux ce qui combat le froid, relève les courages.

Là, Paris fut très-grand. Gravons ceci pour l'avenir :

Les hauteurs supérieures qui dominent ses forts, n'étant pas occupées en août par la Régente, l'ennemi en septembre les prit, et quatre mois durant les arma à son aise, lia ces postes entr'eux par de bonnes batteries couvertes, murées, casematées, d'où l'on tire sans danger. Effroyable ceinture qu'ils bâtirent à loisir, Paris se préparant, s'armant : il y fallait du temps. En décembre, en janvier, elle est fermée, cette ceinture, doublée et redoublée. Derrière, on fait un Empereur. « Derrière, dit le *Times* rédigé à Versailles, le Prussien en sûreté fait la grimace au Parisien. » Celui-ci n'est-il pas réellement *in extremis?* Les lions eux-mêmes faiblissent par la diminution d'alimens, par les veilles, par la fébrile agitation. L'exténuation

progressive aura désarmé cette ville?... Eh bien! le
19 janvier, ce peuple marche sur Versailles même.
Ses légions novices, d'artistes, de lettrés, d'ouvriers
artistes, au total, d'hommes délicats, faits aux arts
de la paix, s'élancent, et du côté le mieux muré,
gardé. Ils veulent aller voir de près cet Empereur,
et pour cela percer l'énorme carapace de pierre,
de fer, de feu. D'un élan, ils emportent Saint-Cloud,
ses batteries foudroyantes. Neuf heures ils s'y main-
tiennent sous les boulets, le perdent et le reprennent.
— Panique violente dans Versailles! On se dirige
vers Marly. — C'est, dit-on, pendant le combat qu'on
apprit le malheur du Mans. Nos chefs arrêtèrent
tout.

Si les pierres furent plus dures que les poi-
trines humaines, cela n'ôte rien au sublime. Ce fut
le combat des Esprits.

Apprenez, Nations, devant un tel spectacle, ce
que c'est que grandeur, et révérez la France!

J'ai lu bien des histoires. Mais je n'ai jamais
vu une révolution si vaillante, pourtant si humaine,
si généreuse pour l'ennemi barbare, si clémente aux
trahisons mêmes.

Unanime surtout. C'est son grand trait.

Car, si des exaltés, nombre minime, voulaient

(contre la raison, sans espoir) s'élancer et se battre encore, ce ne fut pas là, disons-le, un dissentiment de principes. Des deux côtés, c'étaient de très-fermes républicains.

Voilà ce que l'Europe a vu, et ce qui fait son Jugement. Tous les cœurs reviennent à nous.

L'ennemi le sait bien que la victoire morale lui échappe entièrement. Meurtrie et mutilée, la France est invaincue : elle reste la France, redoutable, forte, grandie.

« Mais cette force, ne peut-on l'employer contre elle-même? » Dernier espoir de l'ennemi.

La crise la plus dure, il est vrai, reste à passer : — *l'élection* devant l'étranger, parmi les traîtres (et les faibles, peut-être pires).

Ceux qui par erreur ou faiblesse, en votant *oui*, ont amené la guerre, et qui (sans le prévoir) nous ont perdus, ceux-là verront mieux, j'en suis sûr. Ils sont bien avertis. Tous ensemble, nous ne serons qu'un.

Lorsque l'empereur de Russie reçut la nouvelle de Wœrth, de notre première défaite, il ne put se contenir. Il était alors à table. A la vieille manière allemande, dans une si violente joie, il but un grand verre de vin, lança son verre au plafond, le brisa. Celui dans lequel il avait bu un tel coup, ne devait servir jamais.

Cet emportement barbare traduisait le mot très-grave des ouvriers Allemands dans leur adresse pour la paix. Le Czar crut voir déjà leur prophétie accomplie. « Cette guerre est la victoire future de la Russie sur l'Allemagne. »

Sur l'Europe et sur le monde. L'Allemagne s'exterminant à exterminer la France, quel beau désert va s'ouvrir, quelle route bien aplanie aux armées Tartaro-Russes !

Le bruit de ce verre cassé ne fut pas très-agréable au meilleur ami des Russes. M. de Bismarck gémit. Sa

délicate opération de chloroformer l'Angleterre pendant
l'exécution de France, pouvait en être dérangée. Les
Anglais n'allaient-ils pas s'inquiéter pour leur Turquie,
deviner le traité secret que ledit Bismarck en juillet
venait de faire avec le Czar contre leurs affaires d'O-
rient? Le verre cassé avait fait une fente par où la lumière eût pu venir en Angleterre. Que de mal pour la
boucher, pour étouper, calfeutrer l'ouverture ! Que de
caresses aux lords qui suivaient l'armée, et aux moindres journalistes! que de flatteuses confidences, de dî-
ners aux *reporters !* Enfin, tous les bien pensans, tous
les traîtres s'y mettant (la Couronne et la boutique),
l'Angleterre se rendormit (deux mois, jusqu'au 1er novembre).

La Russie, qui a déjà 700,000 hommes en pleine
paix, avait de plus, depuis juillet, doublé son artillerie.
Dans cet Empire du silence, tout se fait à petit bruit,
au moins dans les commencemens.

Mais ce qu'on ne sait pas assez, c'est que la Russie
est, à sa manière, un gouvernement populaire, c'est-à-
dire intelligent de certains coups de violence qui re-
muent les masses barbares. Après Sedan, après Metz,
le Czar crut avantageux de ne plus se contenir, de faire
appel à ce monde d'en bas. L'ours blanc, d'un grand
coup de gueule, obtint l'effroyable écho d'un hurlement
général, sorti de cette mer humaine. Elle est extrêmement mobile. Autant nos peuples travailleurs d'Occident
sont casaniers, autant le Russe est voyageur. Il a fallu

un joug terrible pour lui faire cultiver la terre : de lui-
même il serait toujours cocher, batelier, charpentier
errant. La monotonie du climat, du pays, le font aller
volontiers au loin, au plus loin. Ce besoin de promenade
fut senti en 53 : on devait le mener au Sud pour l'an-
niversaire de Constantinople (1453). On l'a mené en Pologne, déjà rongée comme un os. Un jour ou l'autre, il
ira de grand cœur voir l'Allemagne.

Pour aider à l'enthousiasme, le Czar dit à ses journalistes de Pétersbourg, de Moscou : « La Prusse est
très-bonne Russe. La Prusse est avec moi. » (10 novembre.)

Cela faisait mal en Europe, contristait M. de Bismarck, mais faisait si bien en Russie ! Un concert de
bêtes sauvages s'éleva, comme dans une ménagerie à
l'heure où l'on va manger. Depuis les furieux Katkoff
jusqu'aux plus charmantes dames, un grand concert
s'éleva, et ce chant : « Vive le Czar ! »

D'innocentes demoiselles écrivaient à leurs amies :
« Quel bonheur !... Quel grand Empereur !... D'un coup
voilà notre Russie tout entière qui est levée.... Grand
spectacle !... Gloire à Dieu ! »

Ces cris qui nous arrivaient par ces voix candides
et sûres, qui promettaient l'invasion, qui avertissaient
l'Europe, dérangeaient tellement Bismarck, que, par ses
chers *reporters*, par un monde de journaux, il osa faire
cette réponse étrange et facétieuse : « Plan pacifique de
la Russie, qui, dégoûtée des armées permanentes, ra-

vie des bons résultats de la landwehr Allemande, se fait
une armée *défensive*....» Défensive uniquement. Elle lève
500,000 jeunes gens en janvier 71, pour ajouter aux
700,000 soldats qu'elle a en pleine paix. En tout, douze
ou treize cent mille; c'est le chiffre qu'on déclare dans
un journal russe quasi-officiel. Mais comme ce journal
a servi souvent pour tromper l'Europe, je me fie bien
plus aux lettres privées qui parlent d'un grand mouvement général de la Russie, armée, et prête à partir.

Pour aller où? Qui le sait? Est-ce pour la faible
Turquie, pour une occupation ordinaire du petit pays
Valaque? Qui pourrait le croire?

Non, la Russie a repris sa marche vers l'Occident.

Dans sa note du 1er novembre, le Czar, donnant à
la Russie, bien plus qu'à l'Europe même, une ouverture de fanfare, le Czar se proclame quitte du vieux
traité de 56, garanti de toute l'Europe. Il fera ce qu'il
voudra.

L'Angleterre alors ouvre un œil, lui dit : « C'est un
grand soufflet. Ayez au moins la bonté de me dire pourquoi, à une personne tellement inoffensive, vous ap-
pliquez ce soufflet. »

« Je vous le dirai dans Londres, » dit le Czar d'un
ton très-doux, ajoutant cette plaisanterie : « Que voulez-
vous? Cette Turquie, que je vois armée jusqu'aux dents,
est devenue si redoutable, qu'à chaque instant je pouvais

être attaqué dans la Mer Noire. Que voulez-vous ? j'avais peur ! »

Où est la France? Où est l'épée qui dans la guerre de Crimée (de l'aveu d'un illustre lord) sauva les Anglais trois fois? Aujourd'hui l'Angleterre est seule, et derrière elle, elle voit les corsaires des États-Unis, qui comme d'innombrables mouches, vont harceler et piquer son commerce sur toutes les mers.

Il y a bien une Autriche au monde, qui, l'autre jour, par Benedeck, dit avoir un million d'hommes. Mais Bismarck prend les devants, travaille cet État malade. Sa Diète refuse les fonds pour la guerre, écoute l'incantation magique qui suspend tout. « Le Danube est Allemand : l'Autriche aura le Danube. »

Mais qu'en pense la Russie, les Slaves si nombreux sur ce fleuve ? Que fera M. de Bismarck ? A combien de gens déjà il a promis ce Danube ?

D'abord il y a mis la Prusse, un Prussien à Bucharest, près des fameuses embouchures. Avant Sadowa, il a dit aux patriotes Allemands : « Vous l'aurez.... C'est Allemagne. » En 1870, il endormit l'Angleterre, lui disant que la Turquie ne bougerait, garderait cette porte du Danube. A la Russie, que disait-il ? Qu'il l'appuyerait dans l'Orient, la Mer Noire ? Mais dans cette mer, la grosse question est de savoir qui aura la clef de l'Europe, qui sera le grand portier pour ouvrir, fermer le Danube, pour étouffer l'Allemagne qui veut respirer par là.

La Russie, en corps de peuple, avec ses levées en masse, vient se poser aujourd'hui en face de M. de Bismarck, rappeler leurs conventions.

Cette Russie a bien mérité. Elle lui a rendu le service que Napoléon III (un simple) lui rendit avant Sadowa. Elle lui a dit : « Allez !... Lancez toute votre Allemagne. Moi, je vous réponds du monde. » Pour mettre à l'aise Bismarck, la Russie a intimidé l'Italie, le Danemark, leur a défendu de bouger.

Maintenant la Russie arrive, réclame. Répondra-t-il au terrible mendiant : « Repassez !... Un autre jour ! »

Ses procédés varient peu. Il mystifia l'Empereur en 1866, l'Angleterre en 70.... La Russie en 71 ?

Les patriotes Allemands, professeurs et gens de lettres, cette classe si estimable, si savante et si chimérique, qui a imposé tellement son opinion à l'Allemagne, n'ont rien négligé pour alarmer les nations, les avertir qu'ils prétendent un empire universel. De la Hollande à la Suisse, de Copenhague à Bucharest, tout en est, ou en sera. La Courlande, la Livonie, abandonnant la Russie, feront la Baltique allemande. Grande utopie à laquelle (le 26 novembre encore, à l'ouverture de la Diète) ils ont immolé à Bismarck les libertés du pays, bien plus, le deuil et les larmes, les soupirs de l'Allemagne, excédée de sa victoire.

Ces politiques profonds répondent à ceux qui leur

disent que Bismarck trompe tout le monde : « Oui, le
monde, mais pas nous. Vous allez voir. Il est bien vif,
agile dans ses mouvemens. — Voyez son opération si
légère du côté de Vienne. Quel coup de partie! Quel
croc-en-jambe à l'Angleterre! Quel obstacle à la Russie!
Hier, il était demi-Russe. Le voici tout Allemand. »

Ah ! comment vous y prenez-vous pour vous aveu-
gler vous-mêmes? ne pas voir ce que vous voyez? ignorer ce que vous savez?... Comment avez-vous oublié le
mariage profond, terrible, de la Prusse avec la Russie?
Il est si fort, qu'entr'elles deux les traités sont inutiles.
La ligue du 10 juillet était tout-à-fait superflue. La
Prusse, un État demi-Slave, qui proposa au dernier
siècle le banquet où la Pologne fut servie, où pour des-
sert on but un verre de son sang, rompra-t-elle cette
communion? Elle y a été fidèle, ayant toujours dans le
corps un morceau de la Pologne, aigre encore, mal
digéré. En elle elle a l'ennemi. Elle eut besoin de la
Russie, et elle en aura besoin demain encore plus, quand
l'Allemagne s'éveillera, sortira du rêve, de son ivresse
actuelle, où l'idée d'être *une* lui a fait tout oublier. Mais,
pour être une, il faut *être*. Le jour où elle voudra *être*,
son petit tyran, la Prusse, lui montrera la Russie.

L'Autriche, si ébranlée, ne peut donner un tel appui. Par la Russie, par elle seule, la Prusse contiendra
ses Slaves, fera taire ses Allemands.

Aujourd'hui même, pendant que la France lutte encore, combien déjà cette Prusse se gêne peu avec l'Al-

lemagne ! Le prince Saxon arrêté; le journaliste allemand de Versailles qu'un outrage a décidé à se tuer;
tout cela ne dit-il pas de quelle hauteur féodale la Prusse
regarde l'Allemagne ? L'arrestation de Jacoby, la Constitution bâtarde violée dès le premier jour dans les
députés qui, pour un discours, auront deux années de
prison ! Cela ne parle pas assez ?

Vous êtes pour moi, je vous assure, un prodigieux spectacle. Vous vivez d'un étrange rêve d'orgueil-
leux lettrés, de savans. Vous voyant civilisés, industrieux,
et de toute façon si féconds, en comparaison de cette
sèche Prusse de fer, vous vous dites: « La grande Allemagne l'absorbera, comme l'Italie absorbe le Piémont.
Qu'est-ce qu'elle est par elle-même, sauf son cadre militaire? Elle n'est rien que par nous. Les génies qui
brillent à Berlin sont des Rhénans, des Souabes, des
Saxons. Même en guerre, les Prussiens vivent d'em-
prunt. La forte tête est un Danois. Nous entourons,
envahissons la Prusse par la force des arts. Si elle pense, si elle gouverne, il faudra que ce soit par nous. »

Vain espoir, trompeur, je le crois. C'est justement
par ce qu'elle a d'inférieur et d'infécond, de sec, de ré-
fractaire, que ce dur noyau de Prusse ne pourra être
absorbé.

Vous raisonnez comme s'il s'agissait d'une chose
vivante, où votre vie pût agir. Mais y a-t-il une Prusse? Y a-t-il des Prussiens? J'en doute. Tous leurs noms
sont Slaves, Suédois, Danois, Suisses, Français, etc.

C'est un cadre assimilateur, un estomac avec des griffes, comme le poulpe. Et point de corps.

Dans ce moment solennel où la Russie est en marche, où l'Allemagne est fatiguée, épuisée de sa victoire même, où l'Angleterre délibère (paralytique ou trahie?), où l'Autriche n'ose armer, où les rois se cachent la tête, ce semble, pour ne pas voir l'orage.... Adieu les rois !... A moi les peuples !

C'est un travailleur qui s'adresse à tous les travailleurs du monde, qui les somme de former la ligue armée de la paix.

Ce que l'ouvrier allemand, le premier, dit avec sagesse, l'ouvrier anglais le dit par ses grandes manifestations. Dans le danger où nous met tous le militarisme prusso-russe, le grand parti du travail, les nations laborieuses, industrieuses, productives, doivent s'armer, non pas pour la France seule, mais pour elles-mêmes qui sont la production, contre le parti de la mort.

Planons, regardons de haut cette Europe ensanglantée. Que voyons-nous? A l'Ouest, les ateliers, les fabriques, et la grande fabrique agricole, les hommes de production, les créateurs de la richesse commune du genre humain. A l'Est, nous voyons en marche les hommes de destruction.

« Mais nous, disent les Allemands, est-ce que nous

ne sommes pas là ? La barrière qui fut la Pologne, sera
désormais l'Allemagne. »

L'unité d'une telle nation serait certes une très-grande
force, si elle était vraie. Mais l'unité est-ce l'union?
Croyez-vous que le Hanovre y soit de bon cœur? Avec
quelle difficulté la Bavière s'y laisse traîner.

Allemands, savez-vous bien à quel point les races
Slaves vous haïssent? Votre acharnement sur nous
vous l'a fait oublier. Mais le plus simple bon sens le dit:
la longue exploitation que les Allemands (de Courlande, etc.) ont faite du peuple Russe, a jeté dans celui-ci
de profonds levains de haine. Les intendans des seigneurs
étaient Allemands, les fonctionnaires du czar sont Allemands pour la plupart. On peut dire sans se tromper:
« S'il se donne un coup de bâton en Russie, c'est d'un
Allemand. »

Comptez sur la reconnaissance de ce peuple ! Fiez-
vous à l'alliée, l'amie de votre plus grand ennemi !

Votre civilisation, vos progrès industriels, votre supériorité dans les arts de la paix, sont précisément ce qui en toute guerre avec la Russie fera votre in-
fériorité. Elle combat avec des hommes de fort petite
valeur qu'elle craint bien peu de prodiguer. Combien
vaut un Européen, Anglais, Français, Allemand? Beaucoup,
si l'on considère ce qu'il fait, ce qu'il peut gagner. Qui
peut dire le peu que gagne, que vaut le paysan Russe?
La Russie a dans la guerre une petite mise. Mais vous?

Un peuple industrieux, livré aux occupations pacifiques, productrices et créatrices, peut s'en arracher un jour par un grand mouvement populaire, comme celui que nous avons vu. Mais c'est contre sa nature. Et pour peu que la guerre dure, elle lui pèse extrêmement. Combien vous semblez déjà fatigués de celle-ci !

Vous avez eu, il faut le dire, un grand éblouissement. On vous a dit ce mot impie: « Il faut en finir avec la France ! » Mais cela n'arrive point. On ne finit jamais avec elle. Un des nôtres a dit l'autre jour: « La guerre commencera au printemps. »

Quand vous auriez réduit Paris (ce qui est douteux encore), il resterait toujours une chose.... pas moins que la France elle-même.

Les pillages, les réquisitions ont averti le paysan, l'ont fortement éveillé. Il est averti maintenant qu'en combattant ou se rendant, on est dépouillé tout de même. La moisson d'hier, la vendange, la chère vache, les bœufs sont partis. Celui qui a perdu cela, retrouve.... savez-vous quoi?... ce qui s'était perdu en lui, le sang guerrier de ses pères, des soldats de la liberté.

Ce paysan a été pris au moment où, plus que jamais (enrichi par les débouchés nouveaux du Midi, de l'Ouest) il acquérait, il mettait la main sur la propriété. Voilà ce qui l'absorbait en août 1870. Il faut être fou pour croire qu'il désirât une guerre, qui, même heureuse, l'eût troublé, arrêté dans ce progrès.

Nos départemens de frontière étaient, il est vrai, irrités par les piqûres des Prussiens, qui, depuis Sadowa, venaient à chaque instant faire des bravades, des défis. Je ne vis jamais des hommes plus gonflés. La terre ne les portait pas. Je les entendais en Suisse (en juin 1867) dire, redire: « De Sadowa, nous devions aller à Paris. Nous le prendrons l'année prochaine. » Après la grande Exposition, où nous les reçûmes si bien, ils rapportèrent les dessins de nos fortifications et imprimèrent un *Manuel* militaire et topographique pour le siége de Paris.

L'Empereur avait lâchement enduré l'engloutissement du Hanovre, de la Hesse, de Nassau, Francfort, dans la Prusse, avait été sourd à leurs cris. La Prusse cependant avec lui ne garda aucune mesure. Il avait essayé au moins de couvrir la Bavière, le Wurtemberg, pour qu'ils ne roulâssent ensemble dans le gouffre sanglant où l'on jetait l'Allemagne. Qu'en dit maintenant la Bavière? qu'en disent trente mille familles (29,000 veuves en trois mois!)

Pour nous, nous avions toujours désiré l'unité de l'Allemagne, l'unité vraie, consentie, non cette unité sauvage, violente, indignement forcée. Nous aurions trouvé très-juste une guerre pour ses libertés, qui ne lui eût rien demandé que de la sauver. Si la guerre nous indigna, c'est que notre gouvernement, par un vil escamotage, fort d'un vote fait pour la paix, s'en servit perfidement pour nous jeter dans la guerre. Nous savions qu'en ce moment la nation (ouvriers, bourgeois, paysans) non seulement ne la voulait pas, mais était dans une voie économique, toute contraire. Le premier, dans une lettre qu'imprimèrent tous les journaux, je protestai contre ce guet-à-pens.

Maintenant ce paysan, qui hier, sur son sillon, était un bœuf de travail, aujourd'hui sera un lion.

Ils ne sont *que vingt-six millions.* Ajoutez nos dix millions d'ouvriers (vaillans, ce semble, à en juger par Paris).

Sur cette masse agricole de 26 millions, *vingt millions sont propriétaires* (4 millions de familles, donc, 20 d'individus).

C'est la base la plus forte qu'ait jamais eue une nation, du sang pour mille ans de combats !

Cet homme-là, sur sa terre où il est enraciné, et qui refait, renouvelle, centuple ses forces, sera ferme et invincible.

Heureusement pour l'Europe. Que ferait-elle sans la France dans la guerre qui va venir?

Elle sera ravie de voir que la France a la vie si dure, de la retrouver grandie par cette lutte acharnée, si guerrière et redoutable contre l'invasion barbare.

En deux mots, voici tout ce livre:

Grandes nations du travail, qui créez incessamment, serrez-vous en un seul peuple ! Gardéz au monde ce foyer qui lui produit tous ses biens.

Je somme et j'appelle ici, en congrès Européen, tous les hommes de travail, tous ceux qui se lèvent avant jour (comme moi, en écrivant ceci, 1er janvier 1871).

J'appelle les Anglais, les Français, les Belges, les Hollandais, les Suisses. J'appelle les Allemands.

J'appelle ici les deux mondes. J'adjure la jeune Amérique. Qu'elle justifie notre espoir, sourde à tout petit intérêt, libre de toute petite rancune, vouée au grand intérêt général du progrès humain, étroitement associée à l'Occident civilisé, à la cause de la liberté qu'hier elle a soutenue, fait vaincre si glorieusement.

Je parle ici pour le monde beaucoup plus que pour la France. Elle se sauvera elle-même. Mais le monde se sauvera-t-il s'il reste indécis, divisé? On l'appelle, en cette heure dernière, à s'unir pour la défense, à s'armer.... Voici l'ennemi.

1er Janvier 1871.

I.

Les illusions de Biarritz. — 1865-1866.

Les historiens de l'avenir auront de la peine à faire croire ce qui, pour être ridicule, n'en est pas moins constaté. Dans ce XIXe siècle que l'on croit si positif, les plus grandes affaires du monde, celles qui faisaient son destin, ont été livrées aux jeux de la pure imagination, discutées, négociées sur des bases fantastiques, dignes des *Mille et une nuits*. La plus grave politique, à son moment le plus grave, a flotté entre les mines romanesques du Mexique et les mirages du Rhin.

Ce fut un grand coup de partie de décider l'Empereur, fatigué, vieillissant déjà et plus flottant que jamais, à quitter souvent le centre où il aurait conservé peut-être un peu de bon sens, pour aller songer sur la côte isolée de Biarritz, près des *châteaux en Espagne*, du pays de Cervantès. Les influences domestiques qui pèsent au déclin de la vie, y firent beaucoup certainement, le souvenir trop fidèle que quelqu'un gardait toujours au pays de sa jeunesse, et les occasions naturelles qu'on aurait d'y retourner.

C'est un lieu propre aux naufrages. Des marins qui ont fait plusieurs fois le tour du monde, disent qu'ils n'ont vu rien de pareil à l'épouvantable poussée de la mer qui, du Nord-Ouest, s'engouffre là dans un entonnoir d'une profondeur inconnue, remonte à la hauteur du ciel pour frapper Saint-Jean-de-Luz, déjà à moitié englouti. Les Basques de ce rivage, race effrénée d'aventures, de vertige, faisaient dans leurs fêtes danser, pirouetter la barque sur ces abîmes écumans. Voilà pourquoi cette côte s'appelle la *Côte des Fous*. Pendant leurs courses infinies jusqu'au fond des mers du Nord, leurs femmes, encore plus chimériques, la nuit fêtaient sur la lande les Sabbats du Moyen-âge, consultaient le mauvais Esprit.

Des monts de figure bizarre indiquent à deux pas l'Espagne, le pays, riche en mensonges, qui reluit de son passé, de ses Indes, de ses mines, de ses fameux galions, des lueurs fauves de l'or. Combien il était aisé dans les soleils dorés du soir de faire miroiter de là l'antique empire Espagnol, Mexico, la Vera-Cruz! Pour rendre ces folies plus folles, l'idée vint d'établir là un Montezuma Autrichien. Singulier château de cartes où probablement mit la main la légère fée Bohémienne qui amusait cette cour de ses bluettes insensées.

Le château branlant croulait déjà (1865). L'autrichien de Mexico oubliait son créateur. Sa jeune et jolie Charlotte avait irrité Biarritz. Moment heureusement

choisi, où, du Nord, l'esprit de ruse vint parler contre
l'Autriche.

« *Faux comme l'eau,* » dit Shakespeare. Ceci s'ap-
plique à merveille aux deux interlocuteurs qu'on voit
causer sur la plage. L'un, des bords de la Baltique, des
sables profonds, trompeurs, abandonnés de la mer, où
l'on peut se noyer à sec. L'autre, sorti des eaux grises
de Hollande, de ses terres douteuses, rappelant les tristes
mouettes du plomb de son terne regard.

Que disent-ils? Chacun des deux espérant bien
tromper l'autre, rien d'écrit. Mais il serait insensé de
croire que le Tentateur ne montra rien, ne promit rien,
autrement, qu'il ne mît pas un appât à son hameçon.
Nul doute qu'il n'ait promis.

L'Empereur, quoi qu'on ait dit, était fort libre d'agir,
et de paralyser l'autre. Il avait vingt-huit mille hommes
au Mexique: pas davantage. Qu'est-ce que cela pour la
France? Il avait l'alliance Anglaise, sûre par son Traité
d'échange. Les États-Unis n'avaient pas achevé leur
grande guerre. Il pouvait agir.

Pour faire avaler à la France sa sottise du Mexique,
il lui fallait pouvoir montrer une acquisition sur le Rhin.
Le sorcier du Nord lui fit croire qu'il avait le Rhin dans
sa poche, l'éblouit d'une vision, lui montra Cologne et
Coblentz. — « Mais l'Allemagne, qu'en dira-t-elle? » — Eh!
Sire, est-ce que je n'ai pas les patriotes Allemands?

C'est le meilleur de mon affaire. Je les ai menés en
Sleswig, je les précipite au Danube. Il faut le refaire
allemand, se l'ouvrir jusqu'à la Mer Noire, l'Orient, etc.
Je les grise, je les enivre d'une victoire sur l'Autriche.
Et ils nous lâchent le Rhin. »

Tout cela dit dans le ton d'un bon et franc Allemand, d'un soldat sans artifice, la loyauté militaire
propre au cuirassier diplomate. Ajoutez le laisser-aller,
l'abandon qu'on a à la mer ; la confiance qu'un malade
obtient aisément d'un malade. Car, il ne se porte pas
trop bien, le pauvre cuirassier. C'est presque comme
l'Empereur. Il serait mort sans Biarritz. Mais chaque
année il vient là bien exactement se soigner. C'est là
qu'il se trouve bien, oublie toutes les affaires. Ou, si on
le met là-dessus, ma foi, il dit tout ce qu'il pense. Au
diable la diplomatie ! Il a le cœur sur la main.

Son dur visage soldatesque parle pour lui, dit assez
qu'il ne peut tromper personne. Ce masque, très-pré-
cieux pour l'incomparable acteur, rassure d'autant mieux
qu'il est, dans sa rudesse, bouffon, étalant l'enflure
fanfaronne qui devait plaire à Guillaume, à ses Junker.
Les photographies calculées qu'on en a faites à la longue,
atténuent un peu tout cela sous la visière du casque pointu.
Mais les premières, bien plus vraies, le montraient mieux
dans sa vigoureuse laideur, qui l'aide si utilement, le-
vant les deux yeux au ciel, voyant là-haut quelque chose
d'immense.... la patrie Allemande?... une Allemagne qui
devient le monde....

Pourquoi pas? La crédulité des Teutomanes a
trouvé cela simple et naturel. Qu'est-ce qui n'est pas
Allemand? Hollande, Danemarck, Suède, Suisse, Angleterre, France, c'est Allemagne. Baltique et Mer Noire,
Allemagne, celle-ci sortant du Danube qui est un fleuve
Allemand. Les États-Unis bientôt, transformés par l'émi-
gration, sont une province d'Allemagne. Pour l'Europe,
trois factionnaires en répondront, trois Hohenzollern, à
l'embouchure du Danube, au détroit de Gibraltar, à
Kelh au passage du Rhin.

Quel grand poëte! Quel poëme immense! Quel
génie de fiction! Et tout cela cru d'avance par des gens
aveuglés déjà de leur propre passion. Avec eux sa
tâche est facile. Va, cuirassier intrépide, dans le champ
de la fiction. Ossianise à Berlin, ossianise à Biarritz.
Guillaume se voit distinctement en Frédéric Barberousse,
Napoléon dans l'auréole de Napoléon-le-grand.

« Le grand? mais lequel des deux? C'est peu de
chose que l'oncle. Ce Rhin que je vous donne, Sire, ce
n'est qu'un commencement. Votre aigle, posé d'abord
à la pointe de Coblentz, part de là, et prend son vol....
vers Anvers, Amsterdam.... Londres? Il y donne un
coup de bec, revanche de Waterloo.

» Mais un monde n'est pas assez. Celui-ci est si
petit! L'Amérique aussi fléchira, la liberté blessée-à
mort dans sa grande République.... Vous et nous, d'un
commun effort, nous aurons étouffé partout notre ennemi.... la Révolution.

. . . .

On sait comment ces promesses furent tenues après
Sadowa, après le lâche service que l'Empereur lui rendit en abandonnant l'Autriche, en acceptant sans mur-
murer l'engloutissement du Hanovre, de la Hesse, Nassau, Francfort, aussi bien que du Sleswig.

On ne ménagea plus rien. Le même jour où on lui
promit de respecter le Midi, la Bavière, le Wurtemberg,
on les força de signer les traités militaires qui donnent
leurs armées à la Prusse.

Tout le jour, on le provoquait. Les Prussiens ivres
venaient nous défier dans Strasbourg. Comme dans les
poëmes de Renaud, ou voyait un Charlemagne dormir
profondément en France sur un trône où l'étranger lui
faisait impunément la barbe avec un tison.

II.

Du génie sympathique de la France.
Sa confiante hospitalité (1867).

La France se réjouit de la victoire de Sadowa.
Nous étions charmés d'opposer à nos vieux traîneurs
de sabres, aux militaires de métier, un succès dû en
partie à la landwehr citoyenne. Nous ne voulions pas
savoir la part très-réelle qu'y eurent l'armée permanente
de Prusse, une caste vouée à la guerre, les corps des
armes spéciales, habilement organisées, enfin la grande
machine qui, plus qu'aucune autre, représente le militarisme en Europe. Nous supposions que c'était simplement la victoire du peuple, conquérant son unité.

La liste qu'on répandit des blessés de la landwehr,
mêlée de toute profession (avocats, médecins, professeurs, industriels, etc.), fortifiait notre illusion. Nous
en fûmes fort touchés. Nous étions frappés d'y voir la
belle culture protestante, victorieuse de la barbarie ca-
tholique.

Nous n'écoutions nullement ceux qui disaient que

la machine au fond était le vrai vainqueur; que, sans
le fusil à aiguille, son effroyable pluie de fer qui sup-
primait toute lutte, jamais les bourgeois du Nord
n'auraient eu raison de l'armée Austro-Hongroise, si
aguerrie, si vaillante, que nous connûmes en Italie par
des combats si acharnés. Nous ne savions rien de l'état
de misère où le dénuement de l'Autriche laissa son
armée affamée pendant trois jours. La diversion Italienne
retenait un tiers au moins de cette armée au-delà des
monts.

Nous avions, sans le savoir, terriblement coopéré
à cette guerre, fait beaucoup en ne faisant rien. Si la
Prusse n'eut besoin que d'un petit détachement pour
accabler les grandes masses de la Bavière et de l'ouest
de l'Allemagne, c'est que l'absence étonnante de nos soldats sur le Rhin, la mystérieuse inaction de l'Empereur,
firent tomber leur courage et leurs armes. La Prusse
elle-même l'avoue dans le solennel remerciement qu'elle
adressa à l'Empereur.

Le plus piquant de cette guerre, c'est que l'Allemagne avait vaincu malgré elle. Elle maudissait l'esprit
aventureux, inquiet, qui la précipitait ainsi dans de
scabreuses aventures. Que de lamentations aux départs !
Et quelle indignation même chez les officiers que nous
rencontrions alors sur les chemins de fer! Ce grand pays
laborieux, de plus en plus industriel, quittait avec
beaucoup de peine ses travaux, ses affaires, une vie ar-
rangée. L'irritation était telle, qu'au gymnase où étu-

diaient les enfans de M. de Bismarck, leurs camarades, avec la brutalité de cet âge, les accablaient de mots amers qu'ils entendaient dans leurs familles.

Les Allemands nous disent légers. Mais comme après Sadowa ils changèrent légèrement! Quel contraste! Quel bruyant réveil! Dans les hôtels, leurs clameurs, leur loquacité, leurs bravades, étaient telles que les Anglais et les Français exigeaient des tables à part où venaient s'asseoir aussi des Hanovriens, des gens de Francfort, des villes libres, qui dans la victoire prussienne voyaient la défaite éternelle des libertés de l'Allemagne.

La grande majorité avait oublié tout cela. Elle était aveugle, et ivre d'une passion, il est vrai, bien légitime et naturelle: l'amour, la joie, le triomphe de l'unité nationale. — Chaque peuple a de tels momens. Et alors il ne voit rien. L'Italie en eut de pareils; cette folie, cette furie de l'unité la dominèrent jusqu'au crime. Pour l'unir, le gibelin Dante faisait appel à l'étranger; et, dans la guelfe Florence, le violent Machiavel aurait été, pour ce but, jusqu'à accepter des monstres, l'horrible César Borgia!

A ces momens, on voudrait dans l'unité de la patrie embrasser l'unité du monde. Ainsi, l'Italie, l'Allemagne, par Rome ou le Saint-Empire, dans leurs rêves, absorbent tout. Chez ces songeurs allemands (qui

ne se grisent pas à moitié) reviennent obstinément deux
ombres, Charlemagne, qui du Rhin gouverna l'Empire
et la France, et Frédéric Barberousse, qui, disent-ils,
avec l'Allemagne eut à la fois Rome et Lyon, et le
royaume des Lombards et le royaume de Bourgogne.
Mais pourquoi se borner ainsi? Est-ce que la patrie
Allemande n'embrasse pas tous les pays de dialectes
allemands, Hollande, Suède, Danemarck, Suisse;
l'anglo-saxonne Angleterre est une province d'Allemagne. (¹)

L'ivresse rend souvent très-mauvais. Les patriotes
allemands déjà nous avaient étonnés par leur violence
inouie contre un état faible, le Danemark. Là, ils com-
mencèrent à se faire d'aveugles chevaux de combat
pour traîner les canons de la Prusse, lui subordonner
l'Allemagne. Si instruits, ils s'obstinaient à ne pas savoir l'originalité très-forte qui sépare d'eux les états
Scandinaves (aussi bien que la Hollande, aussi bien
que l'Angleterre). Un certain petit fonds commun de
langue ne fait rien, quand il s'agit de nationalité. L'Al-
sacien qui, avec un patois germanique, ne comprend
pas l'allemand qu'on parle à une lieue de lui, n'est point
du tout allemand. Et, s'il y a un pays sur la terre,

(¹) Cette aliénation mentale, véritable maladie, se voit surtout
chez les lettrés, professeurs, étudians. J'ai sous les yeux un article
d'un de leurs journaux de Berlin, intitulé: « *A bas Schiller!* » Schiller a eu le tort grave de célébrer dans *Guillaume Tell* un bandit qui
fit révolter la Suisse contre l'Allemagne.

hostile par son vif génie à toute idée, à toute habitude allemande, c'est précisément la Lorraine.

Comme on change, dès qu'on se croit fort ! Avant Sadowa, la rancune des vieilles guerres de Napoléon paraissait fort apaisée chez des gens dont les pères ont deux fois envahi la France et sont deux fois entrés à Paris. Cela finissait tout, ce semble. Voilà qu'après Sadowa, ils oublient 1814 et 1815, ne veulent plus se souvenir que de leur revers d'Iéna. C'est-à-dire, pour parler vrai, que les vieilles haines de race se réveillent, avec une furie, une jalousie, que l'on cache, mais qui, tant de fois, éclate dans ces disputes sans cause qu'on nomme *querelles d'allemand.*

M. de Bismarck, avec une franchise cynique, dans ses derniers manifestes officiels, est parti de cette idée, qu'entre les deux nations devait subsister une haine éternelle, et que toute bonne politique devait se régler là-dessus.

Ces mots atroces me frapperaient moins si je ne voyais le soin avec lequel la haine est enseignée et cultivée chez les générations nouvelles. Les manuels des gymnases contiennent tout ce qui peut irriter contre la France. On apprend aux petits enfants à haïr, à maudire ce qu'ils connaissent si peu. L'autre jour, une enfant charmante, petite allemande de cinq ans, à qui on disait devant moi que sa cousine était Française, rougissait, tapait du pied: « Française? jamais française ! » disait-elle avec horreur.

Quelle éducation précoce ! Dans les bras d'une douce
mère, au sein de la bonne nourrice, déjà ils respirent,
ils sucent la fureur et la haine.

Comme la France est loin de cela ! Même après des
luttes sanglantes, longues, acharnées, elle n'a aucune
aigreur. Elle reconnaît sans peine le mérite de ses ennemis. Chose vraiment mémorable ! Vingt années de
guerres atroces, couronnées par Waterloo, ne lui ont
laissé nul fiel contre les Anglais. Et même en 1816, elle
rafollait de Walter Scott, saluait l'aurore de Byron. Que
de liens d'amitiés, d'affaires, de spéculations commu-
nes, de familles, de mariages, entre les Anglais et
nous ! La prodigieuse grandeur de l'empire anglais, né
de la ruine de la France en 1763, n'a laissé à celle-ci
ni regret ni jalousie.

C'est le défaut de la France, son tort : elle aime le
monde. Pour chacune des grandes nations, elle trouve
des raisons excellentes d'aimer, d'estimer, d'admirer.
Ces engouemens successifs pour toutes (dont l'exagération peut être ridicule) ont pourtant des causes graves.
Chacune de ces nations représente une excellence supérieure, un haut côté de l'âme humaine.

Jamais cette bienveillance universelle n'éclata plus
qu'après Sadowa, dans un moment qu'on eût cru plein
de trouble et de défiance, à la grande Exposition de 1867,
cette fête prodigieuse que Paris donna à l'Europe. Quel

accueil nous fîmes alors à nos hôtes! Quelle confiance!
Quelle aveugle hospitalité! Aucune auberge, aucun
hôtel n'eût suffi à cette affluence. Nous ouvrîmes nos
logis, nos foyers. Dans les étroits appartemens de Paris, on se gênait, on se serrait pour les recevoir; le
maître de la maison se contentait souvent de quelque
coin obscur, donnant ses plus belles pièces aux visiteurs
provinciaux, aux amis européens. Nous avions supprimé
les portes, presque renversé les murs, pour que la
cité reçût, embrassât, s'il se pouvait, le monde. L'élan
de la fraternité fit dire à un grand écrivain: « Plus de
cité! Le genre humain!... Entrez! Cette ville est à
vous. »

Comment ces avances étranges, excessives, étaient-
elles reçues? D'un air douteux, équivoque, parfois
un peu ironique. Tels, riches, princes russes ou
lords anglais, louaient Paris comme un lieu de plaisir, une auberge, ne tenant compte de tant de choses
qui ne se payent pas, de l'aimable accueil, sympathique, qu'on y fait aux étrangers. Que voyaient-ils de
cette ville? les boulevards, les spectacles. Ils ne
soupçonnaient en rien le profond, le fécond Paris; ce
foyer, cette forge ardente de tant d'arts dont l'Europe
accepte les produits sans les comprendre. D'autres étrangers, plus pauvres, plus malveillans, plus curieux, regardaient toutes ces merveilles avec un sourire forcé,
tâchaient d'être indifférens, ne l'étaient pas, jaunis-
saient.

Il est odieux, mais certain, que ces promeneurs curieux que nous conduisions partout, regardaient et des-
sinaient nos murs, nos forts, les côtés faibles des
défenses de Paris. En décembre 67, nos hôtes, de retour
à Berlin, publiaient un manuel militaire qui donnait dans
un grand détail la topographie des abords de la ville,
la façon aisée, infaillible de la bombarder, de la prendre.
On ne négligeait rien pour surexciter cette fièvre de
militarisme. Flatteur grotesque, mais habile, de la passion populaire, Bismarck se targue de n'avoir voulu
entrer à Paris qu'armé, sous le casque pointu. Cette
entrée de carnaval dans une ville toute amie, parut d'un
goût héroïque aux Teutomanes effrénés. Cette coiffure
leur paraissait le casque d'Arminius. Par l'alliance
prusso-russe, ce fut celui d'Attila.

Pour nous autres Parisiens, nous rîmes, n'en gar-
dâmes pas moins nos sympathies pour l'Allemagne. Les
miennes n'ont jamais varié ! Cette année même, 1867,
en terminant ma grande *Histoire de France*, et résu-
mant dans la préface les études, les travaux qui ont
rempli ma vie, j'énumérai avec plaisir les influences diverses que l'Allemagne eut sur moi à mes différens âges,
les passions littéraires, vraiment fortes, que m'inspira
cette grande sœur de la France. J'aimais spécialement
son génie originaire, l'accent, la vibration émouvante
de sa langue antique, sa sagesse populaire dans ce qui

nous reste de ses weissthümer, des juges qui, sous
l'orme et le tilleul, ont trouvé tant de choses humaines. Cette passion alla si loin, que je fis l'entreprise
énorme (si difficile, insensée?) de traduire le livre de
Grimm, les *Antiquités du droit allemand*. Lui-même me
soutint fort, m'encouragea, et loua mon travail. Combien j'y ai profité, développé mon sens historique, je l'ai
dit et répété dans cette préface de l'*Histoire de France*
(imprimée, non publiée encore). Cette préface surpren-
dra après tant d'événemens. Dieu me garde d'en rien
effacer, de rien rabattre de ce que je dois à l'Allemagne, à ce grand et cher Grimm! Plût au ciel
que je pusse moi aussi donner une pierre au monument national qu'on lui doit et qu'on lui élèvera un
jour!

Ce n'est pas moi, ce n'est pas nous seulement, nous
peuple des lettrés, qui avions ces sentimens. J'ai dit (dans
mon livre *Nos fils*) quelle fut l'émotion commune
quand, à la fête du 4 mars 1848, nous vîmes devant
la Madeleine, parmi les drapeaux des nations qu'appor-
taient les députations d'exilés de chaque pays, le grand
drapeau de l'Allemagne, si noble (noir, rouge et or),
le saint drapeau de Luther, Kant et Fichte, Schiller,
Beethowen, et à côté le charmant tricolore vert de
l'Italie. Quelle émotion! Que de vœux pour l'unité de
ces peuples! « Dieu nous donne, disions-nous, de
voir une grande Allemagne, une grande et puissante
Italie! Le concile européen reste incomplet, inharmo-

nique, sujet aux fantaisies cruelles, aux guerres impies
des rois, tant que ces hauts génies de peuples n'y sié-
gent pas dans leur majesté, n'ajoutent pas un nouvel
élément de sagesse et de paix au fraternel équilibre du
monde. »

III.

Pourquoi la France est haïe.

Comment le moins haineux des peuples est-il aussi le plus haï?

Grand problème. Chez beaucoup d'étrangers cette haine est d'autant plus incurable, qu'elle est sans cause réelle, le simple effet d'une opposition de race, d'humeur, de tempérament.

« Je la hais, parce que je la hais. » C'est ce qu'ils pourraient souvent dire. « Elle est le pays de la terre où je me trouve le mieux, le plus aimable à habiter. Cela n'y fait rien : je la hais. »

« Voyez comme elle change sans cesse, comme elle est légère et mobile! C'est une femme, c'est un enfant! » — Voilà le reproche ordinaire qu'on lui fait. Mais qui n'est léger? En 58, l'Italie divisée voulait être telle; chacun y plaidait pour sa ville. En 59, l'Italie tout-à-coup se trouve unitaire, fanatique de l'unité. La grave, la pesante Allemagne a changé en un seul jour : il y a

eu deux Allemagnes tout opposées, d'esprit contraire,
avant, après Sadowa ; la première, maudissant Bismarck,
le deuxième lui baisant les bottes.

Pour la France, on est tellement décidé à la déni-
grer, que ceux qui la disent changeante, sont ceux qui
lui reprochent aussi de ne pas changer assez, d'être patiente outre mesure pour des gouvernemens indignes,
d'avoir enduré si longtemps le dernier gouvernement.

Ce dernier reproche est grave, et le moins immé-
rité. Oui, la France est trop patiente. Elle a donné un
exemple inouï de patience. Il y eut des raisons à cela,
bien des choses qui l'expliquent sans le justifier, mais
qui en sont ce qu'on peut dire les circonstances atténuan-
tes. Essayons d'en dire un mot.

Il est certain que la France a par momens un grand
vol, qui la porte haut, si haut, que la chute est infaillible. Elle marque le but très-loin, sans pouvoir indiquer
encore la voie, les moyens d'arriver. Elle retombe et se
décourage. « *Quæsivit cœlo lucem, ingemuitque repertâ.* »
Le monde alors crie contre elle. L'imprudente est ac-
cablée.

L'éclair de 89, la formule législative de tout ce
qu'un grand siècle avait rêvé de liberté, semble dispa-
raître un moment dans la guerre immense que l'Europe
nous fait elle-même. Le bel éclair de Février, le suffrage
universel, l'effort de justice absolue où cette pauvre
France appelle généreusement tous (les ignorans, les
barbares) à régler ses destinées, il semble la perdre à

jamais. Le monde rit. Et cependant cette idée subsiste si bien, que nos envieux, nos ennemis, sont forcés de l'invoquer. La Prusse n'a pu capter la crédule Allemagne qu'en la leurrant d'une image (creuse et vide) de ce nouveau droit, de cet idéal certain des sociétés de l'avenir.

Félicitons ceux qui n'ont pas ces élans précoces et sublimes, ces reculs et ces rechutes. Leur médiocrité égale, souvent plate, souvent asservie aux absurdités du passé, semble bien plus conséquente, et, comme telle, elle impose à tous, inspire estime et respect. Ils couvrent leurs disparates d'une digne attitude, de gravité extérieure. Qu'ils nous permettent de leur dire : Si vous semblez plus conséquens, c'est que souvent l'étant moins, vous n'avez pas, comme la France, les embarras que donne la recherche, l'exigence de la justice absolue.

Une chose fait marcher la France d'un pas souvent difficile. Elle est (comme tout être vraiment organique) double de deux parties diverses, qui se balancent, parfois se contredisent.

Elle est une en deux personnes: le paysan, l'ouvrier.

Nul doute que si l'une ou l'autre classe, par une révolution, disparaissait, la France aurait plus d'unité, semblerait plus d'accord avec elle-même. Le monde lui dit souvent: « Regarde la sage Angleterre: comme elle est plus conséquente ! L'ouvrier a prévalu, et la roue de Manchester emporte tout. Le paysan a péri. Deux

millions d'ouvriers (nullement paysans) qui cultivent la
terre ne pèsent rien dans la balance contre un peuple
tout industriel (d'environ quinze ou vingt millions). »

Dieu nous garde de cette unité ! Nous avons vingt-
six millions de paysans, et dix millions d'ouvriers. Ces
deux élémens sans doute donnent plus de besogne à la
France. Mais quelle force d'avoir gardé cette ancienne
France rurale, dans laquelle quatre millions de familles
(20 millions d'individus) participent à la propriété ! Sta-
bilité du paysan, mouvement, progrès de l'ouvrier, cela
fait un balancement qui par momens a ses secousses. Mais.
l'impatience de l'un est retenue par un câble, une ancre,
l'homme de la terre qui n'est que trop immobile. La
France n'émigre pas, comme l'Angleterre, l'Allemagne.
Toute la question sociale se plaide ici sur place, s'éclaire
par des expériences qui ne sont pas toujours heureuses
pour nous, mais instructives pour le monde. Il profite
à les regarder. Il les blâme et les imite.

C'est ce duel, et nullement, comme on croit, l'amour
des batailles, qui a fait pour notre pays le malheur du
2 Décembre.

Notre ouvrier de Paris, qui souvent voit l'avenir
plus que le présent, voulait qu'il n'y eût plus d'armée
que le peuple, et il avait assez durement mis l'armée à
la porte. L'armée, en grande majorité, c'est le paysan,
le fils du paysan. Ce fils dans sa revanche, ce père dans
sa légende de 1814, la défense du territoire, — tous
les deux exhumèrent Napoléon, le refirent tyran.

Ils croyaient que c'était le même, et furent quelque peu surpris. Celui-ci, qui contrastait si fortement avec l'autre de visage et de parole, se crut d'autant plus obligé de prouver son origine de famille, en rentrant dans la voie du militarisme. Les circonstances étaient pourtant bien autres et bien opposées. La France, toute laborieuse alors et préoccupée de sa grande affaire intérieure (la circulation, les routes, les chemins de fer), ne rêvait nullement les combats.

Le militarisme, ce fléau du siècle, beaucoup nous en font honneur, nous en donnent l'invention. Remarquez pourtant que les termes de guerre, les costumes, les uniformes, sont généralement Allemands. Le type du militarisme, vers 1780, c'était la Prusse, et la France de Louis XVI l'imitait maladroitement. La Prusse qui la première avait proposé, aidé le démembrement de la Pologne, entra avec empressement dans l'idée du démembrement de la France, l'envahit en 92. Toute l'Europe se jeta sur cette proie. C'est l'origine des grandes guerres que l'on nous reproche. La France, si pacifique en 89, eut en 93 749,000 hommes, présents sous le drapeau. Comment nourrir une telle armée ? Ayant repoussé l'Europe, on fit l'opération dangereuse de réformer 300,000 hommes, ce qui perdit le Directoire, fit arriver Bonaparte. Les 300,000 réformés l'acclamèrent. Les 500,000 affamés furent nourris par lui dans une

guerre offensive. Je me rappelle avec horreur ce temps
dont j'ai vu la fin. La France, en dix années seulement
(1804-1814), y perdit dix sept cent mille soldats. C'est le
chiffre officiel. Doit-on accuser l'homme seul? Non. On
est obligé de dire qu'un si grand ébranlement ayant été
donné, il n'était pas facile de l'arrêter. La guerre engen-
drait la guerre. Mais qui l'avait commencée? Répondez,
peuples ennemis, répondez, accusateurs. Qui la commença? C'est vous.

Né du sang, d'une telle légende de meurtre, le second Empire était sinistre pour l'Europe. Que ferait-il?
Que couvait ce dangereux muet? Quel coup gardait-il
pour demain? On ne pouvait le deviner. L'homme ne
payait pas de mine, ni les siens, son entourage. Eh
bien, il faut le rappeler à l'Europe qui nous accuse
aujourd'hui de patience: la sienne fut admirable, ses
soumissions, ses hommages à ce faux spectre de la
guerre. La Russie, le fameux vainqueur de Napoléon-le-
Grand, s'humilia devant celui-ci. Tous s'humilièrent. Il eut
aux Tuileries une cour de rois, comme l'oncle, à ses spectacles « un parterre de rois. » Des peuples s'attelèrent à
son char. Dans quel délire les Italiens couraient après lui
dans Milan ! Comme ils nous gourmandaient nous autres,
qui ne nous ralliions point au favori de la fortune ! Les
Anglais, si fiers, quelle figure firent-ils à son voyage
de Londres ! Malgré toutes ses répugnances, dans quelle
tristesse humiliée leur reine parut-elle à Cherbourg !

Seul en Europe il semblait avoir une base solide,

étant un, comme on croyait, avec ce grand peuple des campagnes, qui ne change pas aisément et qui lui prêtait un appui redoutable.

Cependant que fut-il pour eux? Très-ingrat, très-variable, entr'eux et la bourgeoisie. L'inconséquence extrême de son gouvernement ne justifiait nullement le nom d'*Empereur rural*. Pendant plus de dix années, contre l'intérêt des campagnes, il déchaîna la Bourse, la spéculation, créa des caisses sans fonds où affluaient les capitaux détournés de l'agriculture. Celle-ci, sans nul doute, eût langui, si de grands faits économiques, commencés dès longtemps, ne s'étaient développés au grand profit du nouveau règne, qui enrichirent les campagnes. L'œuvre capitale du temps, le réseau des chemins de fer, fit créer une foule de routes qui y aboutissaient, et ces routes à leur tour auxquelles on voulait arriver, elles firent faire des milliers, des millions de chemins vicinaux. Effort herculéen, immense, qui occupa la France vingt années.

Ce qu'on ne peut trop dire, c'est que cette œuvre qui absorba le paysan, et le rendit si oublieux des libertés politiques, fut un énorme effort vers la liberté sociale. Le paysan du Midi, de l'Ouest, obéré sous Louis-Philippe, chargé de dettes hypothécaires, serf du propriétaire, du bourgeois créancier, a pu en grande partie se libérer, frapper du pied sa terre, et dire: « Elle est à moi. » Comment cela? Par un miracle grand, mais simple. Jusque-là cet homme et sa terre et le fruit de

sa terre, étaient des prisonniers; ils produisaient sans
vendre. La France était un corps comme solide, inerte,
et sans circulation. La circulation s'établit. Voilà que les
denrées du Midi volent au Nord, vont se vendre à grand
prix à Paris et partout (parfois jusqu'à St-Pétersbourg).
Voilà que les saisons se trouvent supprimées. Le Nord
mange au printemps des fruits d'été, d'automne.

Autre chose bien inattendue. L'Angleterre, riche et
voyageuse, apprend à connaître, à vouloir une nouvelle alimentation. Elle quitte son régime séculaire, si
uniforme, si maussade. Elle appelle, elle achète nos
denrées de l'Ouest, en charge des vaisseaux. Que de paysans, de fermiers, par ce seul chargement, ont fait de
petites fortunes !

Ceux qui reprocheront au paysan de France d'avoir
été sensible à ce prix du travail, n'ont guère de cœur.
Ils ignorent donc bien ce qu'il souffrit pendant des siècles
et tout récemment encore? Cet homme affamé si longtemps, il se trouva, par l'effet de ces circonstances im-
prévues, que (chose bien nouvelle !) « il mangeait! »

Maintenant est-ce que vous comprenez ce qui a fait
la durée de l'Empire?

Le paysan (la grande majorité de ce pays) n'avait
nulle impatience de compromettre ce bien-être nouveau,
la liberté réelle qui commençait à l'affranchir du propriétaire. Cette liberté-là le frappait encore plus que la liberté
politique, qu'il comprenait peu. Il ignorait que celle-ci
est la seule garantie des autres libertés. Il igno-

rait l'abîme où son tuteur perfide, étourdi, allait le plonger.

La masse de la nation, spécialement la masse agricole, était si loin de désirer la guerre, que quand le gouvernement, en présence de l'armement infini de l'Allemagne, décréta la Garde mobile, on n'osa l'effectuer. Dans l'énorme enchérissement de la main-d'œuvre, le paysan ne pouvait se passer de son aide naturel pour louer un ouvrier. Il voulait garder son fils.

Les députés se firent nommer en jurant de voter la paix. Les préfets dirent à l'Empereur qu'on ne voulait que la paix. On n'obtint le plébiscite que par ce mensonge atroce, qu'il devait assurer la paix. J'ai sous les yeux les gravures qu'on répandit par millions. On y voit sur deux colonnes, le *Non*, et dessous les pillages des rouges, du *parti de la guerre*, qui brûle chaumières et moissons. Et sous le *Oui* l'aimable image de la paix que l'Empereur promettait, moissons, vendanges, les greniers pleins, les caves pleines.

Ils votèrent *Oui* pour la paix. Et on leur donna la guerre !

IV.

Qui a préparé la guerre. — De l'espionnage allemand.

Il est prouvé, constaté, avoué, certain, public, en plein soleil, que pendant trois ou quatre années (1867–1870) les espions de la Prusse sont venus *observer* la France sans défiance, hospitalière, qui les recevait à merveille, les accueillait, ne cachait rien.

Qui dit cela ? Les Prussiens.

Déjà ils s'étaient vantés, en 1866, d'avoir *observé*, étudié longuement l'Autriche pendant qu'elle était leur amie et alliée. Ils arrivèrent à Sadowa connaissant parfaitement le plan de campagne des Autrichiens, les états de leur armée détaillés, à un soldat près. Divination merveilleuse ? Il fut trop clair que ces détails si précis avaient été tout bonnement achetés aux bureaux de Vienne.

Mais combien l'affaire de France diffère encore de tout ceci ! Quel art patient, obstiné, quel abus de la confiance ! Que de déguisemens aujourd'hui connus, avoués, que de mensonges, quel abus terrible de la parole humaine !

Il est facile à comprendre que les espions de la Prusse, ses dessinateurs, photographes, ingénieurs, etc. qui venaient prendre les dessins de nos forteresses, des passages de nos montagnes, etc., n'auraient guère eu à envoyer que ces choses extérieures, n'auraient pas appris toutes celles que l'on n'apprend qu'à la longue, l'intérieur des localités, s'ils n'avaient su faire parler les Allemands depuis longtemps établis dans notre pays. Avec ces excellens guides, ils ont eu, non comme en Autriche, des chiffres militaires précis, mais tout ce que peuvent savoir sur telle ville, tel village, telle ferme, telle maison, des hôtes assis au foyer, dans l'intimité domestique, devenus familiers, amis. Ils ont pu noter tout ce qui devait servir l'invasion, compter les grains, les bestiaux que pourrait fournir leur hôte, et déjà marquer de l'œil ce qui pourrait s'emporter.

« Exagération ! » Point du tout. Les Prussiens s'en glorifient avec un cynisme hautain. Les Allemands, avec un gros rire, disent : « C'est vrai ! Nous avons été bien fins, bien malicieux. Nous sommes des gens d'esprit. » Ils se représentent aux lieux où ils furent accueillis, nourris. « C'est moi ! » dit ce maçon de Bade. « C'est moi ! » dit ce brasseur de Metz, ou ce tailleur de la Loire. J'en pourrais citer mille autres qui nous reviennent en uhlans.

J'avais lu bien des histoires, mais aucune comme celle-ci. Non, dans toute l'histoire du monde, il ne s'est point rencontré une telle chose, poursuivie si longtemps sur une si grande échelle, on peut dire par tout un peuple de voyageurs bien reçus, qui pis est, par tout un peuple d'anciens hôtes, nos marchands, nos ouvriers, nos domestiques, une grande tribu amie.

Le corollaire serait terrible, si on le tirait à la lettre : « Gardez-vous d'être hospitalier ! Si vous voyez arriver un étranger dans l'embarras, il faut verrouiller la porte, et armer votre fusil. Prenez garde ! il est sans armes ; mais s'il reconnaît les lieux, s'il voit un contrevent faible, un volet mal assuré, il peut revenir demain en toute autre compagnie. Qu'un loup vienne, à la bonne heure ! Mais un homme ! grand Dieu ! un homme ! C'est une bête bien sauvage. Malheur à l'humanité ! »

Voilà le premier mouvement de l'indignation. Mais il nous faut rejeter loin de nous les conseils d'une basse prudence. Il est plus digne d'un homme de cœur d'examiner le phénomène, les causes singulières (et rares, grâces à Dieu) qui ont pu amener une telle perversion de la nature humaine.

Pour comprendre le fait, il faut se mettre au point de vue de là-bas, comprendre les fumeuses pensées qui remplissent un cerveau du Nord entre le poêle, le tabac et la bière.

« Il y a une morale ailleurs. Mais il n'y en a pas en France. Il n'y en a pas pour la France. Contre elle, tout est permis.

» La France est très-corrompue. Je ne la connais pas beaucoup; mais j'ai été à Paris en 1867, et je me suis si bien vautré avec toutes les filles du monde (françaises? ou non? je n'en sais rien), que je suis en droit de dire: la France est très-corrompue.

» Elle est toujours la Sodôme révolutionnaire, incrédule et voltairienne, qui n'honore nulle autorité. Elle attend son châtiment, un fléau mérité de Dieu, une grande expiation. Ce fléau, ce sera moi. Je ne sais quoi me dit au cœur: Retourne! Ce coupable pays, si riche, si abondant, qui a de si bonnes caves de Champagne et de Bourgogne, il mérite d'être *visité*. »

La *visite du Seigneur*, ce mot touchant du piétiste, me rappelle ce qu'un *reporter* écrivait aux Anglais en août pour l'Allemagne contre la France: « Les Allemands, en général, sont un bon peuple chrétien. »

Qu'ils passent par trente systèmes plus ou moins athées, n'importe; qu'ils suivent le nihilisme, négation de négation, n'importe. Le parti opposé aux piétistes dira lui-même: « Tout cela n'y fait rien. Avec le *gemüth* germanique, une certaine Allemanité, nous avons, malgré tout cela, la sentimentalité religieuse, quasi chrétienne, plus que chrétienne, qui nous appelle à réformer la France impie, corrompue. Pour cela, tout moyen est bon. L'espionnage, odieux ailleurs, est bon ici, excellent. Il est du penseur, *d'observer;* du patriote, *d'observer* l'ennemi. Il est encore l'ami, c'est vrai, mais peut être ennemi demain. »

Observer? Cela était bien facile. La France est ouverte. Il n'y a pas de porte ici. L'étranger entre de plain-pied. Tout ce qui se paye cher ailleurs, aux écoles, aux musées, partout, chez nous est gratuit. Nous en souffrons, et persistons. Nous avons élevé l'habile homme qui nous arrêta si longtemps devant Sébastopol. Nous élevons nos ennemis.

Dans les places de confiance, les Allemands sont reçus chez nous plus que les autres étrangers. Leur application, leur esprit de suite, les font préférer aux plus capables mêmes. Leur science les a souvent portés au plus haut enseignement. Je les vois à l'Institut, et avec des titres solides. M. Hase et M. Mohl sont fort justement devenus Français.

Dans les arts inférieurs, dans les métiers, quelle foule d'Allemands! (¹) Le tailleur et le bottier, qui souvent sont de vrais artistes, avec une étude attentive de la forme humaine, une grande souplesse pour la suivre,

(¹) L'expulsion de ces ouvriers n'était pas indispensable dans certaines provinces où ils n'espionnaient pas. On les y a regrettés. Dans Eure-et-Loir, une de mes parentes a vivement réclamé pour leurs familles qu'on eût expulsées aussi. Son mari employait 590 Allemands du Nord et Prussiens dans sa manufacture, et eût voulu les garder.

parfois la rectifier, sont Allemands le plus souvent. Nos dames aiment ce tailleur, attentif, respectueux, qui n'a nullement les grands airs de la haute couturière, dame elle-même, qui tranche tout. Pour lui, nul caprice ne trouve les limites de sa patience. Il écoute, ne contredit pas, s'amende, si vous voulez. On peut lui dire bien des choses. « Je ne le dirais pas à d'autres, mais à ce bon Allemand ! » Elle dira, par exemple : « Ne croirait-on pas que j'ai une épaule plus haute? que ma taille tourne un peu? » — « Oh ! si peu de chose ! ce n'est rien. Il est bien facile d'arranger cela. » Et il emporte ce secret. Heureux tailleur, si confident. C'est un confesseur du corps. Il a une prise bien forte. Il gagnera ce qu'il voudra.

Beaucoup aujourd'hui recherchent les bonnes, les nourrices allemandes, « pour apprendre, disent-ils, cette langue aux enfans. » Sans enfans même, on les préfère, et pour une bien autre raison. Quoi de plus doux qu'une femme allemande? elle n'a que du lait dans le sang. « Elle semble née pour obéir, et (me disait une dame) son obéissance charmante semble dévouement, tendresse. Commandez une jeune Anglaise: elle a dans sa petite tête, souvent obstinée, ceci et cela, qu'elle croit dogme ou principe. Que je commande l'Allemande, tout glisse; tout est huile et miel, au-delà de ce que je veux. Quand je rentrais, j'avais peine à l'empêcher, la douce créature, de se précipiter, de dénouer mes souliers. Elle ne voulait jamais me quitter. Un jour elle glisse, s'en va, et dans telles maisons qui ne me sont point amies. Avec cela, on les aime, et on les préfère à toutes. Je ne sais à quoi cela tient. »

Il est facile de le dire. C'est que l'Allemand, l'Allemande, dans leur grande docilité, ont une chose naturelle, qui est de leur race, un respect, un culte instinctif pour l'autorité quelconque. Des formes même serviles, qui chez d'autres nous choqueraient, chez eux font sourire, mais ne déplaisent nullement, étant empreintes d'un sentiment que l'on croirait filial. Cela leur fait supporter souvent les paroles très-dures, les mauvais traitemens de leurs supérieurs, les sévices de leurs officiers, une discipline militaire dont d'autres seraient avilis.

Dans l'idée du clan celtique, le chef est parent, cousin. Dans l'ancienne tribu germanique, il a quelque chose d'un père, qui peut être très-sévère, sans que cela tire à conséquence. Cette sorte de patriarchat a duré jusqu'à nous, spécialement en Autriche. L'empereur François, ce bigot, si dur aux captifs du Spielberg, n'en était pas moins, pour le peuple qu'il recevait chaque semaine, *le bon Franz*. Le curieux, c'est que les représentans de l'autorité impériale, à tous les degrés, même les plus infimes, faisaient appel avec succès à ce sentiment populaire. Au nom de *ce bon Franz*, ils tiraient des paysans, des simples, du soldat, les choses utiles à

leur police. « Quoi! vous ne diriez pas tout à votre
père l'Empereur, à nous qui sommes ses hommes et
qui vous parlons en son nom? »

Quand un des martyrs de Hongrie, l'illustre madame Téléki fut enfermée tant d'années, avec son amie
dévouée Melle Clara Lovéï, au château de Küsstein, les
soldats Hongrois, Italiens, qui les gardaient, furent
constamment aux ordres de ces dames, portant leurs
lettres, faisant leurs commissions, au péril de leur vie,
sans révéler rien à leurs chefs. Si le régiment partait,
il léguait ce pieux devoir au régiment qui venait. Jamais, quelle que fût l'insistance, l'inquisition de leurs
officiers autrichiens, ils n'en tirèrent un seul mot. Cette
discrétion admirable se serait-elle trouvée en des Allemands? Ne leur eût-on pas imposé comme un devoir
filial *l'observation* des prisonnières, ennemies de leur
père l'Empereur?

Cette obéissance enfantine, cette *fidélité* absolue
(même en choses indélicates) est une vertu de barbares
qui se comprend à la rigueur avec la bonhomie grossière qui, dans certaines parties du Midi, rapproche
l'officier du soldat. Mais comment subsiste-t-elle dans le
Nord, quand l'autorité a l'aspect hautain et sec, la mor-
gue et de grade et de caste, quand elle est représentée
par ces nobliaux ruinés d'incroyable insolence, qu'une
éducation militaire la plus pédantesque du monde a
durcis plus que des Russes? Le soldat ainsi commandé
peut-il garder, dans les mauvais traitemens, ce vieux

sentiment allemand qui l'empêchait d'être avili? Qu'il reste brave, à la bonne heure, devant l'ennemi. Mais il ne sera pas brave devant ce chef, s'il exige des choses peu militaires, de police, contraires à l'honneur.

Gill, un de nos plus spirituels caricaturistes, était bien loin de la réalité, lorsqu'en août 1870 il nous dessinait l'espion comme un hideux mendiant, ou un vilain juif, dont l'air peureux et tartufe, semble dire grotesquement: «Arrêtez-moi! pendez-moi! Je suis espion.»

L'espion, c'est bien plus souvent l'aimable blond aux joues roses, à la parole candide, qui vient de l'Université avec les poches remplies de lettres de gens respectables. Un éminent écrivain me disait: « Vous avez vu ce chérubin qui sort d'ici, qui a observé si bien mon logis, m'a montré tant de respect, m'a fait parler sur tel sujet délicat, compromettant? Il va en faire un article contre moi dans la *Gazette d'Augsbourg.* »

Il y a 26 ans de cela. Aujourd'hui, si le jeune homme *observe*, c'est moins pour le journal que pour la police militaire.

Quelle surprise ce serait pour Fichte, pour Jahn, pour les patriotes de 1813, s'ils voyaient comme l'étudiant, que ces stoïciens avaient si rudement élevé, s'est affiné, civilisé; comme (à travers trois systèmes au moins de métaphysique) par la filière dialectique du doute et de l'ironie, il est venu à concentrer toute sa philosophie dans ce mot cynique de Goethe: « Je me suis toujours bien trouvé d'être l'ami des tyrans. »

Je voudrais avoir le temps d'écrire le *Voyage sentimental* que fait à travers la France (en 1867, je suppose) ce bon jeune observateur, espion, poëte et philosophe, les lettres qu'il écrit le soir tantôt à M. de Moltke, tantôt à sa fiancée. Homme de livres et de scolastique, combien peu il doit comprendre un pays de spontanéité, d'infinies nuances, où le meilleur n'est point écrit. Que de bourdes, de sottises il envoye làbas ! Mais les chiffres recueillis pour l'État-major auront leur utilité. Il pourra dire les ressources que l'invasion va trouver en chaque ville, en chaque maison, dans la maison qui l'a reçu. Qui se défierait de lui? Il a l'air plus demoiselle que celle de la maison, avec qui il joue du piano. Plus il paraîtra timide, plus il sera gauche de forme, plus il inspirera confiance, plus on croira pouvoir tout dire devant lui.

Avec quelle facilité l'espion a pu circuler ! La suppression des passeports, l'anonyme immense et le confus pêle-mêle des foules aux chemins de fer, tout l'aidait, le favorisait.

Comme touriste, comme marchand, il a pu tout voir, tout noter. Des ingénieurs en blouse, qui semblaient des paysans, ont pu relever, photographier les défilés des Vosges, les fortifications de nos places. Dans une usine de l'Est plusieurs s'étaient faits ouvriers, et pendant plusieurs mois ils ont pu étudier tous les en-

virons, les décrire à loisir. Parfois ils réussissaient par
d'étranges comédies qui captaient la confiance. Deux
personnes parties de Montpellier et voulant rentrer à Paris (un chirurgien distingué et M. Daly, l'architecte si
connu) avaient à grand'peine trouvé à Chartres un voi-
turier hardi qui promit d'essayer la chose. Ces messieurs,
au départ même, furent poursuivis par un homme en
larmes, d'aspect respectable, qui les suppliait de le prendre avec eux. « C'était un négociant de Paris établi à
Bucharest, qu'attendait à Paris sa famille inquiète, sa
femme et ses petits enfans. » Ils l'emmènent. Devant ce
bonhomme ils parlent sans défiance, et faisant halte à
dix lieues de Paris, ils le trouvent qui s'était écarté et
qui en bon allemand expliquait tout à un commandant
Prussien. Ils durent rebrousser chemin, retourner à
Montpellier.

L'espion voyageur pourtant eût-il pu recueillir tant
de renseignemens précis, s'il n'eût été informé par ce
qu'on peut appeler l'espion fixe, l'observateur domicilié,
qui sait bien autrement les choses? Pour obtenir des
réponses complaisantes à ses questions, le plus sûr c'est
qu'il les adresse à ses compatriotes, aux Allemands
établis dans l'endroit, au brasseur chez qui l'on va boire,
et qui fournit les meilleures maisons du pays. Le tailleur
dans son métier de cul-de-jatte, assis sur sa table, ne
demande qu'à parler. Les bonnes langues de l'endroit

y viennent. Il sait le menu détail, et il peut donner un monde de petites choses qui éclairent la localité. Les officiers qui y viendront pour faire des réquisitions, n'auront nul besoin de voir les rôles de contributions. Ils savent parfaitement d'avance ce que chacun peut payer.

On s'étonnait à Ablon (sur la Seine) qu'ils sussent qu'une ferme voisine avait 25 vaches (et non 20). Mais on se fût plus étonné si l'on eût su combien ils savent de détails domestiques, intimes, même inutiles à la guerre. Leur curiosité infinie trouve à se satisfaire sans peine auprès de nos domestiques allemandes, bonnes créatures, qui disent tout ce qu'elles savent à un brave homme qui vient de leur pays. S'il est jeune et agréable, leur confiance n'a pas de bornes. C'est fort judicieusement qu'au dernier siècle la Prusse employait les plus jolis hommes près des domestiques favorites des grandes dames de Vienne. Fauche-Borel, le célèbre espion de la Neufchâtel prussienne, avait un charmant visage de candide demoiselle qui l'introduisait partout.

Un Allemand d'un grand sens, qui a regardé de haut et jugé ces événemens, a dit: « Il ne faut pas dire : *Væ victis!* mais *Væ victoribus!* » Le vaincu n'est que ruiné. Le vainqueur est dégradé.

Si ce changement était sérieux, durable, définitif, il faudrait élever un tombeau, un monument sépulcral, aux antiques vertus germaniques, désormais ensevelies. Le héros, ce n'est plus Roland: c'est Ganelon de Mayence,

celui qui livra Roland. Élevons-lui des statues. Le héros
n'est plus Siegfried: ce sera le perfide Hagen.

Dormez, Honneur, dormez, Foi, sous cette tombe;
dormez, respect de la parole, véracité, noble candeur,
qui nous ont charmés si longtemps.

Quelle terrible création, à propos de cette guerre,
d'avoir fait contre la France un grand peuple de police
qui va servir maintenant contre l'Allemagne elle-même,
sera le chien de berger pour mordre et pousser le trou-
peau !

Voilà ce qui, je l'espère encore, pourra réveiller
l'Allemagne. Je la crois moins corrompue que ce fait
étrange ne pourrait le faire croire. La Prusse a très-
habilement exploité près d'elle la terreur que le grand
muet, si funeste, donnait à toute l'Europe, faisant attendre à tout moment quelque meurtrière surprise. Elle
a fait croire que contre lui et nous, tout était bien, tout
permis, qu'il n'y avait nulle trahison à épier, à tromper
le traître. Et pendant qu'on lui faisait faire cette triste
et honteuse besogne, on la trahissait elle-même, on la
liait à la Russie.

V.

Triomphe de la machine.

La vaillance de Cortez, qui presque seul se lança dans la conquête d'un empire et contre des millions d'hommes, est célèbre, incontestable. La machine cependant, il faut l'avouer, fit encore plus pour ses victoires. C'est le mousquet qui vainquit.

La vaillance des Prussiens qui se hasardèrent en France escortés d'un million d'hommes, n'en est pas moins très-réelle, ainsi que l'habileté de leurs savans états-majors. Cependant il est très-sûr que la machine, le canon léger à grande portée, fit encore plus pour leurs victoires.

Leurs bulletins disent souvent qu'ils les ont dues surtout « à leur admirable artillerie. » Mais ils ne disent pas assez qu'aux grands momens décisifs, par exemple à Sedan, cette portée était telle, et nos armes atteignaient si peu, qu'il n'y eut ni victoire, ni combat. Les hommes étaient peu nécessaires: la machine exécuta tout, sans que l'on pût lui répondre. Quels hommes étaient à Sedan? Surtout la landwehr Bavaroise (d'après ce que m'ont assuré des témoins désintéressés et certainement véridiques). Cette landwehr fut suffisante, et ne perdit presque rien, étant en sûreté parfaite derrière ce cercle de mille canons où les nôtres étaient pris et devaient être écrasés.

« Nous étions tenus à distance. Ils tiraient à 500 mètres, à mille mètres plus loin que nous. En faisant un feu terrible, nous n'avions pas la consolation de tirer un coup qui servît. Je les voyais, de ma lunette, tranquilles derrière leurs batteries qui faisaient le café, la soupe. »

Ce mot d'un officier français est pleinement confirmé par plusieurs blessés prussiens. Fiers du succès, fiers de l'art, du calcul qui les fit vaincre, ils revendiquaient beaucoup moins la gloire du courage. Ils disaient: « Nous n'avons pas même besoin de voir le visage de vos soldats. » Et d'autres: « Tout est arrangé d'avance. Nous aurons fini à Noël, au 1er de l'an. *C'est mathématique.* »

La surprise de Sadowa, où la solide armée d'Autriche, où la vaillante Hongrie fut éblouie, foudroyée par une arme nouvelle, avertissait suffisamment. On pouvait fort bien deviner le progrès qui allait se faire dans les années qui suivirent. Après le fusil, le canon.

La machine ne s'arrête pas. Ses progrès, qui ne sont nullement des miracles du génie, se font par des perfectionnemens successifs, souvent légers, qui se produisent, s'amènent l'un l'autre. C'est ce qu'on voit par l'histoire des fameuses machines industrielles, bien autrement compliquées que les machines militaires.

Un caractère grand et terrible, immense en bien et en mal, qui est propre à ce siècle et le sépare de tous les siècles antérieurs, c'est le progrès de la machine. L'autre siècle, suscitant l'adresse individuelle et la personnalité, avait préparé l'ouvrier. Celui-ci a fait l'ouvrier de fer, le soldat de fer, la machine. Aux 50 premières années elle n'a guère travaillé que pour l'industrie, pour les arts de la paix. Depuis trente années environ, elle a servi la guerre, l'a transformée. Les arts divers, combinés dans la machine, ont servi de plus en plus la destruction.

L'histoire du machinisme serait bien curieuse. Que tout cela est récent ! M. Watt est mort hier. De 1776 jusque vers 1840, la machine n'a donné généralement que des bienfaits. Elle commence innocemment par les tissus, elle habille, pare, réchauffe les civilisés, les barbares, jusqu'au plus pauvre sauvage. Elle leur fournit (presque pour rien) les outils qui commencent l'art. Elle accélère, elle centuple la locomotion. A nous pauvres tardigrades qui nous traînions sur la terre, sur la capricieuse mer, elle a donné l'aile sûre et rapide qui fait dire: « Tu arriveras tel jour. » Que d'hymnes on a fait là-dessus !

Est-ce tout? Oh ! cette grande force, parfaitement indifférente, aura aussi d'autres effets. Les enfans, les simples en ont peur. Est-ce à tort? Leur antipathie, n'est-ce pas une prévision?

Il y a juste soixante ans que mes parens me menèrent enfant à la pompe à vapeur qu'avaient les Périer à Chaillot, et aussi au Conservatoire (ou Musée) des machines, rue Saint-Martin. Je fus stupéfait, accablé de l'énorme énigme de ces puissances alors nouvelles, de ces ouvriers métalliques, de ces personnes impersonnelles à mains de cuivre ou d'acier. La machine de Chaillot, imparfaite encore, grossière, qui faisait trembler les murs, avait l'air d'un ennemi plus que d'un serviteur de l'homme. On m'en vantait l'utilité. Mais je ne sais quel instinct me disait obstinément que des fatalités diverses étaient dans ces êtres inconnus. Ces créations du calcul, se développant, s'engendrant par une progression mathématique, impossible à éviter, n'allaient-elles pas en quelque temps, après avoir beaucoup produit, entrer dans une période où elles détruiraient aussi, deviendraient des instrumens d'extermination?

Dans les manufactures de mort, dans les engins de la guerre, même succession meurtrière. Nous avons vu tel fusil qui supplantait, détruisait tel fusil, etc. Delvigne fut tué par Dreysse, Dreysse fusillé par Chassepot.

De même entre les canons. L'incomparable Paixhans n'en a pas moins été démonté par Armstrong, démonté lui-même par Krup, le héros de 1870.

Le pistolet à deux coups qu'inventa de bonne heure la France, le *revolver* américain, sont les pères et générateurs d'une infinité d'armes du même genre. Un Génevois de mes amis a vu en 1839 dans l'arsenal de Strasbourg le type du fusil chargé par l'arrière, qui tirait 8 coups par minute et devait en 66 vaincre à Sadowa. Notre armée d'Afrique l'avait rejeté, comme trop lourd.

L'incontestable mérite du chassepot « ses merveilles à Mentana, » ne nous avait pas éblouis. Tous les gens de bon sens disaient que la perfection du fusil servirait de bien peu (surtout dans les grandes plaines du Nord) devant une artillerie perfectionnée à portée très-longue, qui ne permettrait pas même au fusil d'approcher.

Le monstrueux canon Krup, exhibé à l'Exposition de 1867, faisait rire par sa pesanteur, semblait ne pouvoir être qu'une pièce de rempart. Et l'on ne s'informait pas de la fabrication immense de pièces du même système, mais mobiles, mais légères, qui se faisait à Magdebourg et dans tous les arsenaux prussiens.

La mitrailleuse, dont l'Empereur s'occupait spécialement, qui était sa favorite, qu'il ne montrait qu'habillée avec un mystère jaloux, était déjà vulgaire là-bas, fabriquée, multipliée, mais comme engin secondaire, qui ne peut agir partout, et qui peut être inutile, étant repoussée au loin par le canon à longue portée.

La machine, qui passe si vite d'une nation à l'autre, et dont on ne garde jamais le monopole et le secret, inspire en vérité aux hommes une confiance, un orgueil, qui ne sont pas trop raisonnables. On se figure trop aisément que c'est un membre qu'on se donne, un bras, une main de plus, cent mains, qu'on est Briarée. Un peuple riche, ingénieux, qui a ignoré certaine machine un moment, l'imite très-vite, et quelquefois la surpasse, adopte un engin supérieur. Telle a été l'improvisation subite qu'on a vue à Paris et sur la Loire : on a fondu à l'instant de légers canons. Paris s'est trouvé tout-à-coup armé de pièces redoutables.

Qui empêchera les barbares d'adopter aussi la machine ? Fille de la civilisation, elle servira contre elle. Les Russes auront par l'Amérique, par l'Angleterre elle-même, cette puissante artillerie dont les Allemands sont si fiers, et qui, dit-on, est déjà surpassée en Amérique par des pièces et plus légères et de plus longue portée.

Arrivée à ce degré, la machine militaire, la mécanique de mort, pourrait fort bien rencontrer une rivale, plus foudroyante, plus exterminatrice encore, dans la chimie militaire, qui se cherche, qui se forme, peut avoir son avénement. Bataille horrible des sciences, des arts, au profit de la mort.

Un homme d'esprit me disait: « Après tout, ces victoires de la machine, qui semblent celles d'une force brute, c'est un effet de la réflexion, du calcul, de l'invention; donc, un nouveau progrès de l'homme. »

D'accord. Mais cet art nouveau de tuer à distance des peuples entiers, le plus souvent sans risquer rien, sans se douter même parfois de ces effets effroyables, n'entraîne-t-il pas avec lui une impassibilité que ne pouvait avoir l'ancienne guerre? N'est-ce pas le meurtre de sang-froid? Ce qui jadis faisait la circonstance atténuante de la guerre et l'ennoblissait, c'était le péril égal, le dévouement, l'esprit de sacrifice que l'on y portait. Des hommes si sages, qui comptent tellement sur la force des choses, qui croyent moins à la leur, et presque n'en ont que faire, ne pourront-ils pas baisser de cœur? Le mécanicien est tout. Le héros est supprimé.

Quand les Français à la poudre opposèrent la baïonnette qui oblige de frapper de près, qui trouble la vue, horripile, ils firent l'épreuve des braves. Ils dirent : « Nous verrons bien ceux qui resteront calmes et fermes devant l'éclair de l'acier. » Ils auraient trouvé dégradant de n'attaquer l'ennemi qu'après l'avoir démoli d'avance à force d'obus, comme on l'a fait aujourd'hui.

Quand Gustave-Adolphe, avec trente mille Suédois,
fondit en Allemagne et mit une telle terreur dans les grandes armées de l'Empire, si nombreuses, loin d'employer
la machine, il mit bas les armes pesantes, les gros cor-
selets de fer que l'on portait jusque-là. Dans son juste-
au-corps de buffle, il marcha armé de la foi et cuirassé
de l'idée. Qu'il ait péri, peu importe. C'est lui qui fit
le parti de la liberté invincible, et peu après imposa le
traité de Westphalie.

VI.

La pourriture de l'Empire.

La Prusse doit remercier premièrement la machine, deuxièmement la connaissance parfaite qu'elle eut du pays (par des moyens peu scrupuleux); mais surtout, elle doit remercier l'administration française, nos intendans militaires, qui n'ont point nourri l'armée, qui la leur ont amenée affamée, vaincue d'avance.

Ils donnèrent à l'Allemagne le répit de 15 jours dont elle avait besoin pour se mettre en mouvement. Et même alors, tout manquait. Il est constaté qu'à Wœrth nos cuirassiers, qui firent la fameuse charge, n'avaient pas mangé depuis trente heures. Il est constaté qu'à Sedan, notre armée qu'on précipitait de Châlons à marches forcées, n'eut par jour pour chaque homme qu'un petit morceau de pain.

Cela n'a rien d'étonnant: le gouvernement impérial était la dissolution elle-même.

Il fut créé par des joueurs, par des hommes de

bonne aventure, Morny, Magnan, etc. Mais, en remon-
tant plus haut, tout le parti bonapartiste (cette longue
conspiration) n'eut qu'une sagesse, *la chance*, qu'une
idée fixe, *l'étoile*.

Louis Napoléon naquit, on peut dire, dans un bureau
de loterie, sur les genoux de Joséphine, sa grand'mère
créole, qui, avec sa mulâtresse, avec madame Lenor-
mant, se faisait incessamment tirer les cartes, dire la
bonne aventure. On sait qu'en se mariant avec le grand
capitaine, elle lui donna une bague noire qui dessus
portait *Au destin*. Le dessous, alors illisible, s'est lu
plus tard (Waterloo).

La croyance à l'improbable, à l'absurde, au miracle, le mépris de la raison, furent les fruits naturels du
règne de Napoléon-le-Grand. On oubliait que l'absurde, la
folie même, l'étaient moins pour celui qui avait reçu de
la Révolution l'épée enchantée, infaillible. J'entends
par là cette armée prodigieuse qui permettait toutes
fautes, pouvant toujours les réparer à force de vaillance et de sang. Les femmes en furent fanatiques.
La reine Hortense trouva en elles ses principaux
agens. La foi créole de Joséphine au sort, à la chance,
à *l'étoile*, avec la fausse idée d'un droit que les Na-
poléons auraient tenu du peuple, fut la religion du
parti.

Le héros qu'on préparait et qu'on disait tout bas fils
de Napoléon-le-Grand, était l'aîné des fils d'Hortense.
Des deux frères il semblait l'homme, et l'autre Louis

la femme. C'était un blondin, d'esprit lent, somnolent, qui se subordonnait sans peine, et sous son précepteur, l'érudit Lebas, serait resté un érudit, du moins un archéologue. Sa vie eût été *César*.

Le frère mort, il fallut bien faire de Louis le héros. On le forma assez bien aux exercices du corps, sans le faire jamais militaire. Son colonel suisse (un notaire de Constance) disait qu'il ne pouvait comprendre les moindre manœuvres de l'artillerie. Mais il en a fait un livre.

Il fut une balle de paume sous la raquette du parti. On le lança à Strasbourg, on le lança à Boulogne. Il se sentait cuirassé du nom de Napoléon, et ne risquait pas grand'chose dans les folles entreprises où le jetaient des étourdis, nécessiteux qui sur lui plaçaient leurs chances de fortune. Il était né pour la prison, et s'y résignait sans peine, s'y trouvant bien plus tranquille, pour de petites études de son choix. Son aspect somnambulique faisait croire que dans cette vie renfermée, où la veille et le sommeil se confondent, il vivait volontiers dans les rêves énervans de l'opium. Mais les femmes le relançaient. Après la brillante Gordon, la chanteuse du parti qui aida fort à le créer, une autre bien plus calculée, la sœur de lait de Louis, avec le jeune ami du prince, Fialin, rajeunirent à Ham son *étoile* mystérieuse par une compilation (*Idées napoléoniennes*) où les ciseaux de femme se reconnaissent partout. Là le Napoléonisme revêt l'habit à la mode. *Libéral* et faux bonhomme dans Las Cases jusqu'en 1830, à Ham il est *socialiste.*

On pouvait en dire toutes choses. Son mutisme le servait. Il réussit en 48 à force de ne rien dire. Les joueurs, les désespérés, poursuivis (près d'être arrêtés), brusquèrent tout, eurent de l'audace pour lui. On assure qu'il hésitait (le 4) pour le massacre. Dans une note bien prudente (aujourd'hui publiée), il se rejette sur Morny, qui aurait changé ses ordres, ajouté le mot *fusiller.*

Un tel acte (horreur du monde) l'entourait nécessairement de la bande qui l'avait commis; gens la plupart subalternes, nullement préparés au rôle où ils arrivaient. Il est sûr que Saint-Arnaud, quand la grande affaire de Crimée lui fut remise, n'ayant aucune idée de ces contrées, fit acheter des cartes chez les marchands du quai Voltaire. Il ignorait qu'au Dépôt de la Guerre nous possédions des cartes savantes, les meilleures du monde.

En 59, on savait peu le terrain où l'on marchait, cette Italie si connue, et que les Autrichiens avaient si bien étudiée. Le *Moniteur* fait lui-même quatre fois cet aveu: « Nous avons été surpris. » — Mac-Mahon à Magenta, Niel à Solferino sauvèrent, dit-on, l'Empereur. L'armée se sauva elle-même, le soldat répara les fautes, les négligences étonnantes de nos généraux.

L'Empereur avait ce qui peut perdre le plus sûrement à la guerre et en politique. Il avançait volontiers,

mais ensuite s'alarmait. De là tant d'avortemens. L'affaire de Russie, de Crimée, ne manquait pas de grandeur. Mais il n'osa la pousser, en soulevant la Pologne.
L'affaire d'Italie était belle, mais il n'osa la pousser, en
soulevant la Hongrie. Entre Kossuth et l'Autriche, il
pencha pour celle-ci. Il voulait une Italie divisée, faible :
il y gagna la haine implacable des Italiens qu'il venait
de sauver.

Son caractère indécis, sa peur de la Révolution,
pouvaient lui faire faire ces fautes. Mais son effroyable
entourage, son frère au commencement, sa femme
espagnole surtout vers la fin, pesèrent indignement sur
lui. Sans le premier, il n'eût pas eu la persistance meurtrière des longues déportations. Sans la seconde, eût-il
blessé, aliéné à jamais l'Italie pour le Pape? Eût-il fait
(avec les Espagnols d'abord) sa grosse sottise du Mexique? On peut en douter.

De lui-même, il était flottant. Pendant qu'il accor-
dait à M. Duruy la révolution qui aurait ruiné nos
colléges aristocratiques et fait tout le monde ouvrier,
il rendait nos écoles militaires, foncièrement aristocratiques, cléricales. On ne faisait plus d'officiers que les
gens *bien nés*, riches, ou fils de fonctionnaires, préparés par les Jésuites, les Carmes, pour l'École po-
lytechnique, pour Saint-Cyr, etc. La France, sous cette
influence espagnole et cléricale, eût perdu ce qui a fait
ses glorieuses armées, le principe égalitaire, eût décou-
ragé le soldat, fermé la carrière aux sous-officiers,

fait une caste de Junker, comme celle qui rend la Prusse si odieuse, intolérable à l'Allemagne.

Quelle lumière brilla vers la fin ! Et comme le système et l'homme furent violemment illuminés !

Il n'y eut jamais un coup subit comme celui de 1869. L'Empereur fut bien pis que détrôné : il fut déshonoré, pilorié, marqué en Grève. Le solennel manteau, l'uniforme, les vêtemens lui furent arrachés. On ne lui laissa pas même ce que la pudeur publique faisait toujours laisser aux exposés. L'indignation qu'on eut d'avoir dormi si tard, tant ignoré, tant supporté, rendit le réveil implacable. Il devint une anatomie, non pas par le scalpel, mais par une lumière transperçante qui horriblement éclaira l'intérieur, entrailles et viscères. Jamais homme n'a subi une si rude exploration.

Déjà les contributions noires, les pots-de-vin, les *affaires* de Morny avaient fort avili l'Empire. Le Mexique, qui fut une *affaire* de vils agioteurs, avait été dévoilé en 67, avec le brusque éclat de la scène de Saint-Cloud, où la furieuse folle Charlotte lui dit (et à son Espagnole) les vérités terribles que dira l'avenir. Maximilien abandonné périt. Et comme un mort suffit pour éveiller les morts, voici tous ceux du 2 Décembre qui reparaissent (au livre de Ténot). Comment les récuser? C'est l'autorité même qui, dans le *Moniteur* triomphant de l'époque, a pris soin de conter ses meurtres, ses massacres, de dresser l'acte futur d'accusation. Tous ces blêmes témoins, dans les habits du temps, leur linceul exhumé, défilaient en silence, ne faisant que montrer les pages à jamais sanglantes où les meurtriers mêmes se dénoncent, se marquent pour la haine éternelle.

Tous frémissaient. Un seul prit la parole. Un gamin héroïque, sans souci de cette puissance énorme qui nous étouffait, du coude casse en riant la vitre. C'en est fait ! on a respiré. Rien ne caractérise mieux la France. Qu'il reste acquis à l'histoire qu'en juin 1869 un jeune homme, alors peu connu, fit ce que nul alors n'eût osé en Europe. Tous les rois de l'Europe faisaient encore la révérence à l'homme des Tuileries, étaient *ses cousins, ses bons frères.* Ils révéraient en lui une armée de cinq cent mille hommes. Et celui-ci s'en moque. De puissance à puissance, il lui déclare la guerre, et signe de son nom *Rochefort.*

De là toute une littérature. Le deuil des derniers temps ne peut faire oublier la brillante échappée du *Rappel* et de tant de journaux de province, étincelants d'esprit, de verve, de colère. Beau moment pour nous autres de voir cette jeunesse. « Quoi donc ! il y a des jeunes gens ? Quoi ! il y a tant de talens ? La France existe donc encore ? »

La patience du spectre impérial fut surprenante et effrayante. Il se souvint qu'en 49 il avait réussi précisément par son mutisme. Laisser évaporer l'éruption, ce feu de paille, fut le plan. En attendant, un masque,

une vaine comédie de jeu parlementaire. Masque d'autant meilleur, qu'il se trompait lui-même. Ce masque
s'appelait Olivier.

Qu'il changeât de nature, démentît sa légende de
fourberie sanglante, que le loup se fît chien, un bon
chien de berger ! qui pouvait l'espérer ? Un matin brusquement il ôte sa belle peau d'honnêteté ; il reparaît
lui-même. « A moi, mes paysans ! A moi le grand pays
ignorant et aveugle, que j'ai déjà trompé ! » Tout avait
fort changé. On pouvait voir plus clair. Pour obscurcir
les choses, voler la voix du peuple, on ne ménagea
rien. Crime énorme ! Les manifestes officiels, les pro-
grammes, journaux, les horribles gravures dont j'ai
parlé, pour effarer les masses rurales, les ensauvager,
désignaient hardiment *les rouges*, faisaient appel à la
guerre sociale. *Les rouges*, disait-on, précipitaient la
France à la guerre étrangère, à la Révolution. *Les rouges* brûlaient les maisons des paysans, et payaient l'incendie 600 francs par maison. C'est ce qu'un de mes amis
entendit dans la Manche non loin de Cherbourg. Les in-
cendies fortuits qui suivirent une grande sécheresse s'in-
terprétaient ainsi, et mon jeune ami, le fils du docteur
Bertillon, faillit périr comme incendiaire. Depuis, dans
la Dordogne, *un rouge,* comme on sait, a été brûlé vif.

Il est curieux de voir la part que le mensonge eut
dans les événemens de cette étonnante année 1870.

En France, en Allemagne, deux paniques ont
enlevé tout. Paniques habilement arrangées, calculées.

De cette part, en France, le plus hardi mensonge trompa le paysan : il vota sous la peur de la guerre, de l'anarchie, de l'incendie, etc. Et notre homme à l'instant, fort de ce vote de paix, nous jeta dans la guerre.

D'autre part, M. de Bismarck comment enleva-t-il l'Allemagne, ces pays réunis récemment, frémissans, ce Midi incertain ? Comment put-il entraîner une masse (d'un million d'hommes ?) telle qu'on n'en pas vu depuis les croisades, les vieilles invasions barbares ? Par la peur, par une panique bien lancée, avec une fantasmagorie scénique qui brusqua et entraîna tout : « Les voici, les Algériens ! les Zouaves ! les Turcos ! Sauvez vos femmes et vos enfans ! »

La Bavière hésitait. On lui dit (ce qui n'était pas) : « Déjà ils ont passé le Rhin. »

Des deux côtés il y avait surprise. Bismarck, depuis trois ans, la préparait, sentant que, sans la guerre et son aveugle bouillonnement, il ne pourrait jamais museler l'Allemagne. Il fuyait dans la guerre les dernières résistances, les voix mourantes de la liberté allemande.

L'Empereur, contre le réveil terrible de Paris, contre la liberté française qui revenait vengeresse, crut n'avoir d'asile que la guerre. Paris l'épouvantait, et quand il fut en sûreté dans les bras de son bon frère le roi Guillaume, il dit aux Prussiens avec beaucoup de sens : « Nous avons le même ennemi. »

VII.

L'Empereur nous livre à Sedan.

Louis Napoléon est-il français? Quelle est sa vraie patrie? Sa langue propre, qu'il a parlée si longtemps en Suisse, et au collége à Augsbourg pendant·tant d'années, est l'Allemand. Son gouvernement fut parfaitement celui de l'étranger, d'un Allemand et·d'une Espagnole. Dans mille choses·de détails on put voir à quel point ils ignoraient la France, et étaient incapables de l'apprendre, n'en ayant point le sens, le·tact particulier qui est propre à cette nation.

Sa proclamation après Wœrth (une première défaite, et·un événement vraiment secondaire) fit dire: « Oh! qu'il n'est pas Français! » Un Français eût pu avoir peur, mais eût eu assez d'esprit, de sens, pour ne pas le montrer à ce point-là.

Il apprit l'affaire le lendemain, fortuitement (pitoyable administration!) par un photographe et deux journalistes échappés. Et l'on perdit la tête à ce point, qu'ayant encore de si grandes forces, on ne songea pas à défendre les passages des Vosges. Ils restèrent si bien vides, que les Prussiens n'en croyaient pas leurs yeux, n'osaient d'abord s'y engager, supposant quelque piége.

Dans cette proclamation désespérée, l'Empereur crie, appelle tout le monde au secours.

« Tout le monde ! Mais c'est la France ! » Voilà une autre peur qu'il a le lendemain. Et plus forte peut-être.

Il appelait aux armes. Et il refuse des armes. Il n'en donne pas même à l'Alsace, en tel danger. Il fait donner de vieilles ferrailles sans usage. Le chassepot pourtant abondait dans nos arsenaux, mais démonté et incomplet (par défiance du peuple), manquant d'une pièce essentielle.

L'Empereur, l'homme du peuple, pour qui ce peuple vient de voter, se sent si peu en sûreté de ce côté, qu'il veut être sauvé par l'armée seule. Voilà l'armée coupée et enfermée dans Metz. La secourir avec un corps trop faible, c'est périr soi-même à coup sûr. C'est ce que lui dit un vrai soldat (Mac-Mahon). Appuyer la nouvelle armée sur Paris, lui donner l'assurance, les ressources énormes que peut prêter une telle ville, c'est le salut. Mais à ce seul nom de Paris, l'Empereur a frémi. Il fuit Paris, et tout en disant qu'on veut le défendre, on lui ôte quarante mille hommes. L'impératrice (le fait est prouvé maintenant) voulait tout simplement briser la Chambre, et enfermer la Gauche, pour traiter avec l'ennemi.

Je ne suis pas ici historien. D'autres suivront pas
à pas, jour par jour, cette prodigieuse trahison. A Paris, pour gagner du temps, amuser le public, on avait
accepté Trochu, l'homme que désignait l'opinion, mais
en le subordonnant à celui qui était près de l'impératrice,
l'âme même du complot, le fameux pillard de la Chine,
Palikao. Il entrava, arrêta les préparatifs de défense.
M. Thiers, qui visita un jour les forts et les travaux,
n'y trouva exactement personne. Plusieurs ingénieurs
disaient: « On ne défendra pas Paris; on ne veut pas le
défendre. »

Palikao couvrait tout par des mensonges, un visage d'airain. Il disait: « Vous illumineriez si vous
saviez ce que je sais. » Ce qu'il savait, c'est que
l'Empereur, à qui sa propre Chambre avait retiré le
commandement, commandait pourtant en effet, emmenait Mac-Mahon, l'empêchait de s'appuyer sur Paris. A
Metz, son homme, Bazaine, dont les cent cinquante mille
hommes pouvaient se dégager encore (comme l'atteste
Changarnier), Bazaine se laissait enfermer, espérant
(d'après des messages de Bismarck? ou de l'Empereur?)
qu'avec cette excellente armée il serait le médiateur,
l'arbitre de la situation.

Dans une belle lettre insérée par l'*Indépendance
Belge,* et très-digne de Machiavel, un diplomate admire
ici son maître. Il dit que « l'Empereur, à qui on ne peut
refuser une certaine profondeur de sens » vit dès
lors que sa meilleure chance était du côté de l'ennemi.

Même avant Sedan, il semble avoir vu « son horizon impérial; il y lut ce qu'il devait faire, sentit que ce qui pour un autre aurait été le naufrage suprême, était pour lui le commencement du salut. Aussi, quel empressement à capituler ; à se rendre !

» La capitulation de Sedan était le premier acte de la restauration de l'Empire. Vainqueur, l'Empereur n'en était pas moins perdu ; vaincu, il emmenait avec lui une armée tout entière, qu'il déshonorait vis-à-vis des Français pour mieux se l'attacher à lui.

» La capitulation, prévue par lui, de Bazaine, pouvait être le second acte de la restauration impériale. Vaincu encore une fois dans Bazaine, l'Empereur gagne à cette défaite une deuxième armée, dont le sang a été épargné, et qui, comme la première, n'a plus d'espoir qu'en ceux qui l'ont commandée, qu'en lui enfin, dont elle subit la fortune.

» Voici donc celui qu'on appelle l'homme de Sedan, et les maréchaux qui, lui devant tout, sont allés vers lui, possesseurs de 320 mille hommes. Ce que les victoires n'auraient pu faire, les défaites les plus épouvantables vont l'accomplir. »

Cette lettre ingénieuse me semble d'un homme qui connaît parfaitement son maître. Il est extrêmement vraisemblable que l'Empereur eut de bonne heure l'idée de se fier à l'ennemi, et d'employer de concert avec lui ses armées prisonnières.

Les lettres de l'honorable général Wimpfen (11 et

19 septembre) et celles d'autres officiers, ont solidement établi que l'Empereur refusa toute offre qu'on faisait de forcer le passage. L'armée, il est vrai, était cernée par l'artillerie des hauteurs. Mais les troupes qui les occupaient auraient-elles défendu leurs pièces contre une vive attaque d'ensemble? Des témoins fort sérieux, des Suisses, chirurgiens, infirmiers des deux camps, assurent que ces troupes en majorité n'étaient que de la landwehr Bavaroise.

L'Empereur, qui depuis le décret de la Chambre disait qu'il ne commandait plus, l'oublia; il arbora le drapeau blanc à l'insu de Wimpfen, le maintint malgré Wimpfen, et, craignant apparemment de ne pas trouver un officier pour une telle chose, il envoya au roi de Prusse un des siens, de sa maison.

Tranquille et se sentant sauvé, il va trouver le roi. Celui-ci le fit attendre. Là on assure qu'en fumant, il causa en allemand avec deux cuirassiers blancs qui le gardaient, leur cita Suétone et tel Empereur qui en pareil cas ne se tua point. Le roi brutalement le reçut comme un chien. Il fallut que M. de Bismarck vînt le redresser tout bas, lui dire le parti qu'on pouvait tirer encore de cet homme. Si l'on voulait un semblant de capitulation, il fallait lui reconnaître un caractère de souverain. Le malheureux, dans un coin, de son gant essuyait des larmes. Cette défaillance d'un homme à merci, était bonne à exploiter.

M. de Bismarck, respectueux, habile, se fit le bon

courtier entre le prisonnier et le directeur de la guerre, le vieux M. de Moltke, tendre comme la Mort, la
Parque, le Destin. L'infamie fut complète, la reddition
sans condition.

Mais ce qui fait tort aux vainqueurs, c'est que (au
rapport des Suisses qui étaient là) on craignit le désespoir des nôtres, on n'osa pas leur dire leur triste
sort. Je lis dans le *Journal de Genève* (nullement notre
ami) cette lettre de son correspondant (8 octobre): « Voici
ce que m'ont dit, non pas dix ou quinze, mais plus de
deux cents prisonniers de divers hôpitaux, casernes,
sans pouvoir se donner le mot ni communiquer entr'eux:
« On nous dit seulement que nous devions mettre bas
les armes, *et que nous pourrions nous en aller.* Une
escouade nous accompagne alors jusqu'à la porte de Sedan, et *au lieu de nous laisser libres,* ou nous met dans
une grande île. » Ils y restent dix jours sans nourritu-
re, et mangeant des chevaux crevés.

Pour l'Empereur, qui avait rendu un si grand service aux Prussiens, qui parlait l'allemand et se faisait
un parfait allemand, le gros roi s'était radouci. Il sentait
qu'après tout, la cause des rois est commune, et que
l'Empereur était bien sincère quand il dit: « Nous avons
le même ennemi. »

« Mais cette guerre que vous nous faisiez?... » —
« La guerre, ce n'est pas moi, c'est la France qui l'a
voulue. »

Mensonge indigne et bas, le plus faux qui se fit jamais.

Tous les journaux, les plus modérés mêmes, *Le Temps*, *Les Débats*, l'ont relaté avec horreur.

La scène est solennelle ici et mémorable. Elle rappelle celle de la Genèse où ce lâche Adam qui a peur, dit en tremblant : « Moi ? Seigneur !... C'est elle, c'est cette femme-là ! »

VIII.

L'âme invincible de la France.

Il est curieux, étrange, que les grandes nations s'ignorent l'une l'autre tellement. Les humanitaires sont fous de croire que les murs, les haies, les barrières qui étaient entr'elles, se sont abaissées. Certains préjugés antiques de ce genre ont disparu. Mais d'autres sont sortis des rivalités modernes. *La personnalité croissante* sépare au contraire de plus en plus, sous certains rapports, et les nations et les individus.

Voilà les Allemands qui depuis Sadowa, pendant trois années et plus, avec une étude sérieuse, attentive, méthodique, regardaient, *observaient* la France. Tous les moyens de l'optique y avaient été employés. Avec les verres grossissans que donne la passion, la haine, l'envie, le fanatisme, les jeunes missionnaires dévots de la Teutomanie, étaient venus relever tout, envoyaient des chiffres précis. Ces chiffres militaires et autres, concentrés sous les lunettes puissantes du vieux

calculateur qui prête à toute la machine le nerf de son
âme d'acier, fondaient les combinaisons d'une astrolo-
gie nouvelle. Il trouvait dans la certitude des mathéma-
tiques, il marquait de son doigt sec sur le calendrier
de 1870 le jour de la mort de la France.

O scandale ! Elle vit encore !

Vanité de la science et des études humaines ! L'Allemagne avec son *gemüth*, ses grandes prétentions mo-
rales, n'avait rien su, rien calculé, que les forces
mécaniques. O pays de l'idéalisme, tu as ignoré.... l'âme !

Ses érudits, ses linguistes lui avaient dit que l'Alsace, que la Lorraine allaient venir en procession
au-devant d'elle, les hommes dans le long habit noir que
portait déjà Charlemagne, les filles en rouges jupons
et chantant les plus vieux *lieds*. Nulle défense. Le seul
embarras serait de percer la foule, d'écarter l'enthousiasme. Si ces bonnes gens par malheur étouffaient un roi
trop aimé !... Au-delà, moins de résistance encore. On
avait bien vu, aux soupers de 67, pendant la grande
Exposition, que la France était dissoute, en décompo-
sition complète. Le seul danger (prenez garde, jeunes
gens, leur disait-on), ce sont ces caves immenses de
Champagne où vous tomberiez sous des vins trop ca-
piteux. Les soixante lieues de vignes qui par les côteaux
de Bourgogne, dressés sur leurs échalas, offrent l'aspect
d'une armée, voilà encore un écueil où vous pourriez
naufrager.

Combien ces sages idées durent se confirmer quand

d'Allemagne rencontra dans l'Empereur un homme élevé
par elle, qui fraternisa avec elle en lui livrant ses armées....

La France, si bien défendue par son honnête gar-
dien, se frotte les yeux, s'éveille. « Mes armes, où sont
mes armes ! Mon logis est plein d'inconnus. Messieurs,
que demandez-vous? »

« Tes armes? Eh ! malheureuse, ne vois-tu pas
que ton tuteur a eu soin de les emporter, de les ca-
cher.... Il a pris adroitement jusqu'à ton épée de
chevet ! »

La forte tête de la France, lucide autant qu'éner-
gique, le grand Paris était lui-même tenu dans la
main d'une étrangère, qui retardait son réveil, croyant
(comme Dalila) pouvoir lui couper les cheveux.

Paris se dresse, et du coup casse les cordons dont
la dame le liait. La France entière se dresse, immense,
devant l'Allemagne.

« Des armes?... Vous croyez tout fini.... Mais quand
je n'aurais pas d'armes, de mon bras, de ma poitrine,
de la force de mon cœur, je pourrais vous repousser. »

« Qu'on me trouve une nation, a dit un Anglais sincère, qui, livrée ainsi, trahie, ait un si vaillant réveil.
Est-ce la Prusse après Iéna? Est-ce l'Autriche après
Sadowa? Et l'Angleterre elle-même, supposons qu'un
million d'hommes lui soit tombé sur le corps, supposons qu'on ait livré ses armées (300,000 hommes), que
l'ennemi, maître du comté de Kent, soit déjà aux por-

tes de Londres ; supposons que dans Londres même soit
un gouvernement traître qui paralyse la défense, qui
nous fasse perdre un mois ou deux dans cette crise suprême.... Ah ! que l'Angleterre alors ait ce réveil héroïque de la France, je le souhaîte, je le désire, je veux
le croire et l'espérer. » (*Harrisson.*)

Ce peuple si corrompu, disait-on, sans doute éner-
vé, cette nation qui était dissoute, la voici une et
debout. Quelle surprise pour l'Allemagne ! Dira-t-elle:
« Je me suis trompée. » Non. Elle s'est mise à dire
pieusement, chrétiennement : « Il est bien triste de voir
le pécheur, non pas subir, remercier son correcteur,
mais s'emporter et lutter, repousser l'expiation. »

D'autant plus âprement doit-on le serrer et le prendre au corps, ne pas lui ménager la médication Bismarck
(comme il dit) : « Le fer et le feu. »

Le fer ? Oui, le fer a du bon. Quel ravivement puissant que de sentir à la peau tant de cruels coups d'aiguil-
les ! L'acupuncture est le remède, atroce, mais efficace,
des paresses d'organisation, des langueurs. Merci, bour-
reaux !

Que de vertus réveillées ! Comme le feu a épuré,
ennobli, élevé les âmes ! Ouvrons la *Légende d'or*, et
écrivons-y les noms du *Gouvernement de la défense*, si
admirablement loyal, désintéressé, dévoué. Qui forçait
tel de ses membres, déjà âgé, riche et comblé de toutes
les gloires du talent, qui le forçait d'accepter cette res-
ponsabilité immense, et toutes les chances d'ingratitude

qu'éprouvent la plupart des sauveurs du peuple? Qui
forçait ce ferme Breton, dans sa carrière attardée, déjà
presque à l'heure du repos, de se jeter en avant, de se
coucher sur le seuil de Paris, d'y arrêter les armées en
leur disant: « Vous ne passerez que sur mon corps! »
Et ce jeune homme intrépide qui, s'envolant de Paris,
a porté partout la flamme de son indomptable cœur,
organisé la guerre qu'il ne connaît que par la divination
du génie; qui lui fit prendre ce rôle étrange, magnifique
et terrible? L'abîme qu'il voyait du ballon, le gouffre
de Curtius, eussent eu moins de danger pour lui.

Ce qui nous touche le plus dans ce gouvernement
de Páris, c'est non pas seulement son calme courage,
c'est sa douceur admirable, son humanité, sa loyale
modestie, le dirai-je? sa jeune candeur. Ne riez pas,
imbécilles, vieux fourbes que je vois d'ici. Le mémorable entretien de Jules Favre et de Bismarck restera
éternellement. Que le premier, attendri, ait paru le
moins habile, c'est une grande illusion. Avec son cœur
chaleureux, ses larmes patriotiques, il n'en a pas moins
tiré de l'autre un terrible aveu qui est sa condamnation:
1° que pour la Lorraine, l'Alsace, arrachées de nous, il
n'attend rien de leur vouloir, qu'il veut forcer leurs
libertés, les faire malgré elles Allemandes; 2° qu'entre
la France et l'Allemagne, il compte sur la haine éternelle, et qu'il agit dans ce sens.

Mais alors, ce ne sont pas deux provinces qu'il faut
arracher de la France. Du Rhin aux Alpes, aux Pyrénées,

il faut avec un tranchet la couper, la détailler en menus morceaux, en vendre, en distribuer, en faire manger à l'Europe, ouvrir la boutique Bismarck, où, sur un étal sanglant, on dira aux nations: « Qui veut manger de la France? »

Non, non, cet entretien-là a été fort instructif, et le plus habile des deux est celui qui a pleuré.

Ce démembrement, ce partage, c'est la vraie méthode russe, si bien suivie en Pologne. Par elle la Prusse est liée pour toujours à la Russie (et contre l'Allemagne même). La figure de M. de Bismarck me semblait d'un général Russe. Je ne me suis pas trompé.

La clôture, l'investissement de Paris, qui eut lieu le 19 septembre, fut d'un effet étrange en Europe. Il y eut moins de soleil, moins de lumière, moins de bruit. Je ne sais quelle sourdine lugubre se trouva mise à toute chose. Notre langue étant la langue générale (pour tant de communications), le journalisme parisien est vraiment l'organe central de l'Europe. S'il manque, en plusieurs pays on n'entend plus rien. Mais, indépendamment de la Presse, ce grand foyer de civilisation où tous prennent lumière et chaleur, le fermer c'est comme si on aveuglait la planète. L'œil du monde, ce semble, est crevé!

Lutte sublime, quoique odieuse. C'est toujours la lutte, après tout, entre la machine et l'homme. Nos ennemis ne nient nullement que leur force est l'artillerie. Mais c'est alors qu'on put voir ce qu'est le combat d'un Esprit. Paris, de son *ingegno* vigoureux, d'une subite improvisation, lui aussi se fit des machines et foudroya l'ennemi.

Le grand espoir de celui-ci était dans nos divisions, nos contradictions intérieures. Mais (ce qu'on n'a pas remarqué) il n'y eut point contradiction. Tous étaient du même avis. Ceux qui semblaient discorder, n'étaient nullement opposés; c'étaient les impatiens. Ce n'étaient que des héros. Ils voulaient se précipiter, même seuls aller à l'ennemi. Ils ne sentaient pas assez le grand labeur nécessaire pour discipliner, former, faire agir d'ensemble ces masses vaillantes, mais confuses, et qui se fussent perdues du premier coup par leur aveugle élan, leur fougueuse intrépidité.

Il tient encore ce grand Paris, ce héros solitaire, sans secours de l'Europe. Qu'a-t-on fait? On l'a entouré à grande distance, tranquillement, prudemment, d'un prodigieux travail de terrassemens qui ferment toutes les routes. De ces montagnes factices, chargées, surchargées de canons, on a jusqu'ici refoulé ceux qu'on n'abordait guère en face, qu'on n'ose attaquer que tard, affaiblis et affamés. Ici encore c'est la chose qui peut avoir raison de l'homme.

En regardant l'autre jour sur un plan la ville héroïque, avec sa rouge ceinture de forts étincelans, et de tous côtés, en noir, des essaims funèbres comme de

noires fourmis qui autour d'elle élèvent des montagnes,
il m'est souvenu de Roland, que Ganelon de Mayence se
garda bien de combattre, mais qu'il sut mettre dans
un cirque des Pyrénées, où le héros de tous côtés voyait
des sommets menaçans. De là pouvaient dérouler des
rochers. De sa grande épée il tailla un mont, puis
deux, ainsi que l'on voit encore. Puis de son cor, il
sonna, il appela. Il périt. Qui ose dire l'avoir vaincu?
C'est lui-même qui se vainquit. Il périt de son propre
effort, de l'appel désespéré que son cor fit aux nations,
— sourdes alors, comme aujourd'hui.

IX.

Fureurs barbares. — Système russe des Prussiens.

Une prudente dame allemande disait: « Je donnerais ma vie pour que la campagne se fût terminée pour les nôtres à Sedan. »

Elle avait grande raison. L'honneur allemand était sauf. Tout était couvert des apparences si bien ménagées par Bismarck: « Les Français ont commencé. Les Allemands ont vaincu, sans abuser de la victoire. » L'Europe y était trompée. Ils font, disait-on, la guerre comme des demoiselles. Des Anglais qui vivaient au camp à la table de Bismarck nous garantissaient leur sagesse, leur douceur, leur pudeur, que sais-je? Un lord écrivait niaisement: « Eux voler ! pas même une mouche ! »

Et voilà que le triste fond tout-à-coup a apparu, un fond de brutalité, de barbarie imprévue. De plus, une grande surprise qui leur fait bien peu d'honneur, la surprise de ce qu'on résiste. Les braves estiment

les braves, parfois honorent les résistances indompta-
bles d'un ennemi. Rappelons un trait de nos guerres,
que des Hongrois m'ont conté. — En 98, je crois, dans la
guerre terrible de Suisse, la cavalerie de Hongrie avait
décimé les nôtres, qui pourtant trouvèrent moyen de
reprendre l'avantage, poussèrent ces Hongrois jusqu'au
bord d'un précipice. Mais ils ne se rendaient point,
ils allaient sauter dans l'abîme. Les Français pleins
d'admiration s'arrêtèrent, crièrent: « Ne tirons pas ! »

Le prodigieux respect des Allemands pour le plus
fort, leur culte de l'autorité les rend furieux, sans
pitié, pour les vaillans qui résistent à l'autorité nouvelle,
consacrée par le succès, qui ne reconnaissent pas ce
Jugement de Dieu. « Quoi ! résister à ces Rois qui
viennent là en personne ! aux Majestés qui leur font
tant d'honneur que de saccager et de bombarder leurs
villes !... Quelle audace ! quelle impiété !... Comme on
reconnaît bien là ces enfans de la révolte, cette race
maudite, issue des dents du dragon révolutionnaire ! —
Si la foudre de Dieu n'y tombe, qu'ils soient écrasés
sous celle des Rois. »

« Ce fut une grande surprise pour nous, me disait
un judicieux jeune homme, très-froid, très-impartial,
un chirurgien Suisse. Nous avions cru, d'après ces fameuses universités, ces savans, et tant de livres, que
l'Allemagne nous était en tout supérieure. » Une chose a
paru en effet qu'on ne savait pas assez ; c'est que cette
grande nation, placée si haut dans les sphères supé-

rieures, est inférieure peut-être à toutes dans la vul-
garité basse de certaines classes, encore plus dans les
branches bâtardes que l'Allemagne projette hors d'elle-
même, dans ses émigrations lointaines, où tout le meilleur s'efface, encore plus chez les peuples mixtes qu'elle
exploite par un marchandage avide, ou qu'elle tyrannise
par ses employés, scribes, intendans. Je parle de la Russie.

Nos paysans du Midi, les Italiens, etc., ont, dans les
plus basses classes mêmes, quelque chose de policé,
semblent parfois des gentlemen déguisés. Dans la parole, les manières, ils ont certaine élégance. Des *reporters*
peu amis en faisaient naguère la remarque, en visitant
nos prisonniers, tout ce peuple de soldats qu'un événement si fortuit a jeté en Allemagne. Il n'en est nullement
ainsi des Allemands en France. Une fois éloignés du
foyer qui est excellent chez eux, sortis de leurs habitudes, de cette idylle domestique qui faisait illusion, ils
sont tout-à-coup très-rudes. Quel coup on leur a porté
dans l'opinion de l'Europe, en les jetant dans cette situation où la barbarie de race, qui dormait, a éclaté. Le
dessous est devenu, avec grande laideur, le dessus.
Chose étrange! Ce ne sont pas les soldats proprement
dits, qui se sont le plus mal conduits. Ce sont ces pères
de famille, ces gens établis, cette landwehr, arrachée
de son poêle, de son tiède intérieur, à l'entrée de
l'hiver, et par « ces coquins de Français, acharnés à
se défendre, » tandis que de bons Allemands eussent apparemment composé de suite.

Un journal anglais a marqué avec esprit et justesse
le plus choquant de ce tableau, l'avidité du pillage plus
grande en proportion des sentimens de famille. « Que
cette montre ira bien à mon fils qui est au gymnase !
cette chaine d'or dans les blonds cheveux nattés de ma
fille ! La dame de cette maison a une jolie robe de soie
qui siérait bien à ma femme. Si je la lui arrachais ? »

Tout cela se dit au matin, quand on est lucide encore. Mais qu'est-ce donc vers le soir, quand, ayant bu
tout le jour, on noye le peu qui reste de l'homme dans
un copieux banquet. « Jamais, me disaient ceux qui ont
suivi ces armées, jamais nous ne pouvions parler aux
officiers passé cinq heures. Ils étaient hors d'état d'en-
tendre. » De là ces réquisitions ridicules de vins de Champagne (et par des gens déjà ivres) dans des pays où
personne n'en a que par grand hasard. Que répondre ?
On n'en a pas, on ne peut s'en procurer. Ils s'emportent, ils menacent des dernières extrémités. C'est l'heure
de la bête sauvage.

Cela déjà s'était vu en 1815 dans l'invasion Prussienne, aussi cruel, moins odieux. C'était la grande vengeance de l'Europe sur Napoléon, la revanche de tant
de sang versé. Mais ici pourquoi cette fureur, ces actes
sauvages ? Il n'y a nulle cause à cela, nul motif. Depuis
cinquante ans les deux peuples étaient en paix.

Autre différence. En 1815, vraie invasion populaire,

grand mouvement national, fureur sincère. Tout imprévu. En 1870, tout est prévu, dirigé par une main froide et sûre. Tout est combiné d'en haut pour l'effet d'un indigne terrorisme.

Un droit nouveau de la guerre s'est établi cette fois. C'est la première fois qu'on a vu des villes ouvertes bombardées, des places où l'on tirait par-dessus les remparts, au-delà de leurs batteries, en oubliant le soldat, n'écrasant que l'habitant, les familles, enfans et femmes, pour que l'excès de leur terreur trouble, amollisse le soldat, décide la reddition. Bombes, obus, ce n'est pas assez pour l'incendie. On l'active, on le rend inextinguible, en jetant sur tous les bois, portes, fenêtres, solives, le pétrole dont la flamme gagne de maison en maison.

L'Europe, a dit un Anglais, semble avoir rétrogradé de plusieurs siècles. Dans le droit des gens d'autrefois, les vaisseaux en péril étaient secourus, même en terre ennemie. Ici la navigation si hasardée des ballons, n'a trouvé nul ménagement, nul égard d'humanité. Leurs dangers sont effroyables. L'un se perd dans l'Océan. L'autre, porté par une trombe, s'est trouvé accroché aux pics de la Sainte-Baume. Tout cela n'est pas assez. On tire sur eux au passage afin de les précipiter. Les infortunés qui tombent, ont une dure captivité. Leur crainte n'est pas de périr, mais bien de tomber en Prusse. « *Heu! Fuge crudeles terras, fuge littus avarum!* » Partout ailleurs, quel accueil! L'autre jour, ceux qui se croyaient tombés, naufragés en Prusse, sachant qu'ils étaient en Belgique, pleurèrent de joie, leurs hôtes aussi, en se jetant dans leurs bras.

Il ne s'agit pas de guerre seulement, mais de destruction. Au point de vue de *la haine éternelle*, avoué par M. de Bismarck, il ne suffit pas de vaincre, il ne suffit pas de briser; il faut « qu'il ne reste rien. » Le soldat allemand n'aurait su faire les choses si complètes, le pillage si parfait, la place si bien nettoyée. Il l'avoue. Mais il a ses ordres. Les savans états-majors ont ordonné, enseigné qu'on suive la méthode des Russes, ces maîtres en destruction. Toute chose est mise par ordre, dans des sacs, malles ou coffres, et tout cela numéroté dans tel et tel charriot. En Pologne, dès le dernier siècle, la consigne était si précise, si sévère, de tout emporter, qu'une fois il y eut trois voitures chargées de poupées brisées, qu'on avait trouvées dans les riches châteaux. En 1849, les Russes, en Hongrie, emportèrent jusqu'à de petits morceaux, parfaitement inutiles, de glaces brisées. Une file non interrompue de charriots se prolongeait depuis Pesth jusqu'au fond de la Russie.

Et tout cela sans vengeance? Ne le croyez pas. Ce n'est qu'un commencement. « La guerre s'ouvrira au printemps, » a dit l'un des nôtres.

Dans une ville on a vu ce que peut l'énergie du désespoir. La sotte municipalité avait désarmé le peuple.

La ville n'en fut pas moins si brutalement envahie, qu'un vieux juge mourut d'épouvante. Mais les ouvriers de la ville, sans armes, se précipitèrent, désarmèrent les Prussiens, les envoyèrent prisonniers aux villes voisines. Leur corps d'armée arriva le lendemain. Le général, alarmé de cette fureur héroïque, craignant qu'elle ne gagnât, alloua pour le pillage une indemnité.

Un officier prussien disait à un de mes amis, un étranger distingué, que je puis nommer : « Nous ne voulons que le succès. Et tout est prévu, arrangé, pour que nous soyons *trois contre un*. » (J'atteste et certifie ce mot.)

Triste aveu ! honteux, cynique ! Voilà donc où vous arrivez ! Eh bien ! vous trouverez des hommes. Il suffit d'un contre trois.

Est-ce que toutes vos machines, vos canons dont vous triomphez, ne seront pas imités, aisément adoptés par d'autres, et mieux employés contre vous ?

Mais voici ce que je vous dis : Écoutez, retenez-le.

C'est que quand vos grand'mères reçurent l'hommage des fils de la France, les nôtres (hommes, et sans machines) disaient : « Un seul contre trois ! »

C'étaient des fous, je le sais. Mais, vous, fils de la machine, qui arrivez trois contre un, jamais (vainqueurs ou vaincus) jamais vous ne trouverez grâce devant les femmes de France.

X.

Strasbourg.

Rien ne marque mieux les vues haineuses de l'invasion, le plan de créer des haines ineffaçables, que l'emploi de l'armée Badoise à la destruction de Strasbourg. Cette œuvre de barbarie, exécutée précisément par les plus proches voisins, constitue Bade et l'Alsace en opposition durable, fait de cette jalouse Bade comme un geôlier Prussien, intéressé par son crime à tenir de près la captive. L'étrange, c'est qu'on n'a pas prévu une chose pourtant naturelle. On se trouve avoir par là doublé, creusé le fossé qui sépare l'Alsace de Bade. Le Rhin devient par ces haines d'une profondeur immense. Entre Strasbourg et Kehl maintenant ce n'est plus un fleuve qui roule, c'est un gouffre, l'abîme des mers.

Combien ce monde est changé! Nous autres, dans nos sympathies aveugles pour l'Allemagne, nous voyions ce pays de Bade comme un lieu de promenade, de plaisir. Nous faisions si peu de différence des deux rives,

que des Français distingués l'habitaient de préférence,
y avaient porté leur fortune, aimaient à vivre là, di-
saient-ils, dans ces bois, sur ces collines, d'une douce
petite vie allemande. Toute l'Europe y venait. C'était
comme une terre neutre, agréable à toutes nations, où
elles venaient manger ensemble à la même table, se
voir, se donner la main. Je me rappelle qu'au moment
où cette guerre commença, quelqu'un qui le premier
avait protesté contre la guerre, écrivit aux journaux
pour qu'au moins la paix subsistât pour ce charmant
pays de Bade, le jardin commun de l'Europe.

Pour moi, je revenais souvent revoir les villes
du Rhin, surtout ces belles villes libres, justement
nommées ainsi, et si chères aux amis des libertés de
l'esprit. Tout aimables et si sociables, elles n'ont pas les
habitudes de la vie renfermée, pesante, qui est propre
à l'Allemagne. Elles sont pleines d'air et de soleil. Elles
étaient liées jadis aux libres cités de la Suisse par une
bonne confraternité. Elle s'aimaient, se secouraient, ces
voisines, et si promptement par la descente du Rhin,
« qu'un pâté, cuit, apporté par les bons amis de Suisse, fut chaud encore à Strasbourg. » Leurs rapports
avec la Hollande, la Hanse, n'étaient guère moins intimes. Ainsi, des quatre côtés, Strasbourg, Francfort, etc.,
étaient des médiatrices entre les nations. Elles l'ont été
pour le monde par la grande révélation moderne, l'imprimerie. Leur littérature, à elles, rieuse, légère et
satyrique, diffère beaucoup de l'allemande. Leur

Mürner m'amusait beaucoup, et je ne me m'étonne pas que le grand Gœthe, né à Francfort, ait fait ses études à Strasbourg.

Oh ! la bonne ville pour y vivre ! abondante en toute denrée, en livres, en secours de tous genres ! Mêlée d'études, de commerce, d'un grand souffle militaire, de vie joyeuse, sérieuse.

L'excellent vieux roi de Bavière, qui accueillit nos Français (au commencement de ce siècle), se plaisait à leur conter le bon temps que, jeune officier, il avait passé à Strasbourg. C'était une ville de plaisir, mais de cœur, où la bonhomie naïve de l'antique Alsace mettait un charme singulier. Tout y était ennobli et par la solennité guerrière de la position, et par les hautes pensées que donnent ses monumens, les œuvres de ses grands Maçons, imitées de toute la terre. Là Gœthe et Victor Hugo, tant de poëtes, de savans, d'artistes, vinrent puiser. Toute une école sortit de Strasbourg, Cologne, une littérature entière, celle de l'*Art sur le Rhin*.

Si l'Alsace fut surprise par la France, comme le disent, le répètent tant les Allemands, il faut bien qu'ils avouent aussi qu'elle fut charmée de la surprise, se donna de volonté. Ce ne fut pas un rapt, car ce fut un mariage. Il n'y en a jamais eu de plus fidèle. Que viennent-ils donc nous dire avec ce divorce brutal qu'ils lui infligent malgré elle ? Qu'ils osent la consulter !

Non seulement c'est la France, mais avec un caractère de bonté généreuse que n'ont pas beaucoup de

nos provinces françaises. La noble industrie de l'Alsace,
bien plus qu'aucune autre en France, s'est inquiétée de
l'ouvrier. Dans sa production grandiose, elle ne s'est
pas occupée seulement de la chose, mais de l'homme
aussi. Elle a eu souci de la vie humaine. Dans la guerre,
les héros d'Alsace ont eu un esprit de paix. Qu'il est
touchant de lire les notes que, chaque soir, écrivait
Kléber, dans l'affreuse guerre de la Vendée ! Quel cœur !
Quelle humanité !...

Au reste, il y a une chose plus forte, plus décisive;
c'est que le grand chant de la France (depuis le chant
de Roland), celui que, je ne sais pourquoi, on nomme
la *Marseillaise*, jaillit de ce brûlant foyer national,
incandescent aux frontières devant l'ennemi. Ce chant
ne se fit qu'à Strasbourg. Et celui qui l'y trouva, une
fois sorti de l'Alsace, n'a plus rien tiré de lui.

Combien généreusement l'Alsace avait accueilli ces
masses d'ouvriers allemands qui incessamment arrivaient !
Vingt mille maçons de Bade, au moins, venaient chaque
année a Mülhouse, Colmar, Strasbourg. Ils ont pu tout
connaître parfaitement, et n'ont guère été amis. Ils rappor-
taient je ne sais quelle envie contre le pays qui les recevait si bien. La petite cathédrale de Fribourg ne
pardonnait pas à la flèche incomparable qui, des Vosges
jusqu'aux Alpes, signale la reine du Rhin.

Le duc de Bade, si cruel aux prisonniers de 49,

haïssait en eux les amis de la France, autant que les martyrs de la liberté. Il ne tint pas à lui alors que Floccon, notre illustre ami, ne pérît pour avoir parlé des basses prisons de ses forteresses, noyées dans les crues du Rhin. Il dut la vie à l'héroïsme de deux hommes de Strasbourg, son imprimeur qui le cacha, et l'agriculteur M. North, qui le sauva au péril de sa vie. Reste ce nom pour l'avenir !

Celui du général Uhric est maintenant consacré. Abandonné, sans artilleurs, n'ayant pour servir ses canons que des soldats d'infanterie et quelques Turcos novices, on sait comme il résista. Le gendre du roi de Prusse, le Badois et son général Werder, furent terribles d'acharnement. Le feu ne fut point suspendu, dit-on, au moment où les Suisses envoyés par leurs cantons, vinrent prier qu'on laissât sortir des femmes, des vieux, des malades. Il fallut que ces hommes admirables, missionnaires de la charité fraternelle, passassent, pour entrer à Strasbourg, sous le feu, sous les boulets !

Les Suisses obtinrent la sortie de peu de personnes, et l'on continua de bombarder, moins les murs, moins la citadelle, que les quartiers les plus habités. Tout le monde a déploré la perte de l'irréparable bibliothèque et de tant d'autres monumens. Les caves humides de Strasbourg, très-malsaines, recevaient un monde de pauvres femmes tremblantes sous la pluie de fer, de feu, qui, la nuit surtout, tombait, crevant les toits des maisons avec un bruit épouvantable. L'effroi fut au

comble surtout quand le toit de la cathédrale, une im-
mensité de zinc, fondu, sifflant, tout-à-coup illumina
la ville entière, lui donna, et à toutes les campagnes,
une scène du Jugement dernier.

Ce monument vénérable, le plus haut qui soit sur
le globe, sublime par le génie d'un héros, Erwin de
Steinbach, est cher aux peuples pour avoir été bâti
par le peuple, tant de millions de pélerins, dont chacun
y montait sa pierre « pour le salut de son âme. » Dans
ses sculptures innombrables, il offre un monde complet,
anges, animaux, hommes, toute nature, toute humanité. On voit les temps qui s'y succèdent. Près du chœur
(qui est de Charlemagne) se trouve la fameuse horloge,
œuvre étonnante de la science contemporaine, où les
révolutions futures des astres sont calculées. Les statues de chaque portail jettent dans une mer de pensées.
Ici, dans les *Vierges folles*, tout l'esprit des fabliaux.
Là, les deux figures étranges, taillées par la fille d'Erwin,
l'une, la *Loi chrétienne*, imposante et terrible, et l'autre, la pauvre *Loi juive*, jadis tant persécutée. L'ensemble est tout le Moyen-âge, toute l'histoire accumulée et
du monde et de Strasbourg. Ces pierres sont des vies
humaines, entassées, superposées, toujours vivantes,
des âmes !

La Terreur de 93 a eu respect de cela. Il fallait
l'atrocité, l'impiété révolutionnaire des rois, pour attaquer la prodigieuse relique.

Ce qui est merveilleux ici, c'est le silence du monde.

Ces pauvres Suisses, admirables, qui exposèrent leur vie pour une œuvre de charité, atténuent de leur mieux la chose.

D'autres ont fait mieux. Ce qu'ils admirent, c'est l'attaque, non l'héroïque, la prodigieuse résistance.

Heureusement des témoins graves, sérieux, désintéressés, arrivent de tous côtés. Le plus fort est d'une innocente et candide demoiselle, qui m'apprend (18 octobre) une chose que tous avaient supprimée, comme trop exécrable. C'est que ces furieux coupables, manquant de munitions, et progressant dans leur crime, lancèrent, pour écraser la ville, tout ce qu'ils avaient sous la main, non seulement des clefs, des serrures, des poids, *mais surtout* des pierres sépulcrales, les tombes de Strasbourg. Ils lancèrent des cimetières, et les femmes épouvantées, qui fuyaient sous cette pluie, crurent recevoir des ossemens.

Mon fils, mort à trente ans, était enterré à Strasbourg, dans cette cité amie. Quand pourrai-je y retourner, et m'informer de ses restes? Je ne sais. S'ils ont passé dans cet horrible chaos de marbres, de morts, de bierres, dont cette fureur impie avait cru nous accabler, c'est bien. Ils retomberont tôt ou tard, par un juste jugement, sur les ennemis de la France.

XI.

A l'Allemagne.

Est-il vrai qu'il y ait déjà vingt-neuf mille veuves en Bavière?

Il est sûr que les Prussiens ont largement employé dans cette guerre le sang des autres. Au premier combat, acharné, à Wœrth, ils ont lancé, exposé leurs Polonais (de Posen). A Gravelotte, ce sont encore leurs Polonais qu'ils mirent en avant pour recevoir la première grêle; ils finirent avec leurs Suédois (j'entends les Poméraniens). Dans les combats sur la Loire, c'est le sang des Bavarois qui a coulé comme l'eau.

C'est le fruit des traités militaires que ceux-ci firent si vite en 66 avec la Prusse, au moment même où la France, arrêtant la Prusse au Mein, essayait de garder encore les libertés de ceux du Sud, de les sauver de l'abîme où le Hanovre, la Hesse, Nassau, Francfort, étaient tombés.

« Mais l'unité de l'Allemagne?... » Elle eût été plus

réelle, si elle eût été plus libre, si la Bavière et le Midi n'y fussent entrés qu'en stipulant pour eux et les autres des garanties suffisantes. Pauvres libéraux aveugles, qui avez trahi le Midi, l'avez lancé sous la roue de cette charette de fer qui doit vous broyer les os, apprenez donc une chose: c'est que l'*unité* peut être le contraire de l'*union*. Appelez-vous *unité* un rapprochement baroque, brusque, violent, d'élémens qui se blessent l'un l'autre, et dans l'atrocité d'un cercle qui serre, étouffe, écrase tout?

« Mais la France! disent-ils, la France autrement nous avalait! » Quelle ignorance étonnante du moment, des circonstances de 1866 ! O Allemands, Allemands ! si savans, si ignorans! Ils ont la vue assez bonne pour distinguer, spécifier les élémens des planètes, nous apprendre quels métaux se trouvent dans Mars ou Saturne. Mais ce qui est sous leur nez, ce qui tellement leur importe, ils ne le soupçonnent pas. La France, non seulement n'avait nulle envie de la guerre, mais comme je l'ai établi, dans le progrès étonnant de sa richesse nouvelle, était à cent lieues de vouloir en détourner, en arrêter le cours. Un vieil Empereur, usé (de plaisirs et de maladies), préoccupé beaucoup trop de son misérable Mexique, était loin de la guerre d'Europe. Sans doute un homme résolu, le lendemain de Sadowa, se fût lancé en Allemagne « pour les libertés allemandes, » pour sauver le Hanovre, la Hesse, pour vous, malheureux Bavarois. Aujourd'hui vos trente mille veuves auraient leurs époux encore.

Mais il eût fallu une chose: Oser dire ce mot Liberté! Le beau mot Freyheit, quoiqu'il parle l'allemand, ne put jamais lui sortir de la gorge. Il eût fallu déclarer qu'il ne voulait rien, ne demandait rien, — rien que sauver l'Allemagne. — « Le Rhin? » Que nous importait? Personne ne songeait au Rhin que celui qui crut s'y laver, qui cherchait toujours un layage pour le sang du 2 Décembre. Sa bassesse naturelle, sa routine bonapartiste, ne lui présentaient la grandeur que comme acquisition de terre.

Il ajourna. Il consulta. Un homme fort circonspect, Niel, prétendait qu'il fallait d'abord refaire le matériel. Il y travailla beaucoup, resta à moitié chemin, mourut à la peine. Sa sagesse avait eu les effets de la folie. Malgré le fusil à aiguille, l'artillerie des Prussiens n'étant pas refaite encore, la France (aidée de l'Autriche) par une attaque subite pouvait frapper les vainqueurs, dans leur étonnante ivresse, leur arracher le Hanovre, sauver la pauvre Francfort, garder la Bavière, la Souabe. Et alors vos femmes, Allemands, ne seraient pas à Munich toutes en deuil. Et alors ces drapeaux noirs que je vois partout aux fenêtres parmi les illuminations de votre nouvel empereur, n'attristeraient pas les yeux.

Deuil commun aux deux pays. La différence est que là-bas ce sont surtout des époux, des pères, que l'on a perdus. Ici des fils, — dont la perte est non moins sensible. Mais ils ne laissent pas d'orphelins.

Fruit cruel de l'ignorance et de la crédulité. Un mot les a rendus fous: « L'étranger! Voilà l'étranger! »

Mais il y a deux étrangers; c'est ce qu'ils n'ont pas vu. Devant, l'étranger, c'est la France. Et derrière? C'est la Russie!.

Et la Prusse, si peu allemande, la Prusse, état slave surtout, la Prusse rivée par un pacte terrible avec la Russie, c'est une avant-garde Russe. Vos ouvriers vous l'ont dit.

Que disait-elle, cette Prusse? Comme Catherine pour la Pologne, elle disait pour la France: « Là, nul obstacle; pour prendre, il suffit de se baisser. » Sur ce mot, ils sont entrés dans un pays que d'abord son chef même semblait livrer. Et une fois engagés, ils trouvent une population serrée, forte, et au moment où elle a doublé sa force, où elle crève de sang, de vie. Ajoutez-y la colère terrible de la surprise, la fureur de l'homme éveillé en sursaut.

Autre mensonge de la Prusse pour éblouir, fasciner l'Allemagne: « Vous êtes jeunes, et ils sont vieux. C'est fait de ces races latines, usées, qui ont eu leur temps. Voici le grand avénement de la race germanique. A ton tour, Teutonia! »

Savez-vous bien que les Russes en disent exactement autant: « Nous sommes jeunes, les Allemands

vieux. Latins et Germains sont finis. En avant, la race
Slave! A ton tour, Moscovia! »

« L'Allemagne est vieille, disent-ils. Son émigra-
tion immense, qui peut faire illusion, prouve seulement
qu'elle fuit volontiers un monde fatigué. Elle a rayonné
cinquante ans par le génie, les lettres, l'art, de Frédéric à Beethoven (mort en 1827). Depuis elle s'est re-
tirée dans les choses de l'érudition, dans les sciences
naturelles, où les méthodes sont fixées, où le rail est si
bien tracé, que même des esprits médiocres y font de
belles découvertes. Le tabac, la bière, la musique, les
assoupissent à moitié. Leurs lettrés vieillissent surtout
par les voyages de l'esprit, la fatigue des systèmes. Trop
subtils, ils n'engendrent plus. Ils ont bien besoin que ma
Prusse les replonge dans le réel, les traîne aux guerres
qui énervent les peuples Européens et qui me préparent
la voie. Ce qu'ils font cette année en France sous notre
piqueur Prussien, ce qu'ils feront avec lui (en Autriche?
en Italie?), cela nous prépare l'Europe. C'est ce qu'en
notre art de ruines, dont le modèle est en Pologne, on
appelle le premier nettoyage, *la première opération.* »

Faux rêve de la Russie. Ni la France, ni l'Allemagne n'accusent en rien la vieillesse. Ces grands peuples
ont des momens variables‘ sans doute, hauts ou bas,
mais des puissances infinies de renouvellement. (¹)

_____

(¹) Un mot de plus seulement sur cette sottise, tant répétée,
des *races latines.*

Ceux qui parlent des idiomes dérivés du latin, ne sont nul-

Qui est jeune? et qui est vieux? Toutes ces formes de langage empruntées à la vie individuelle, sont
absurdes quand il s'agit des grandes nations. L'Angleterre était très-vieille sous Jacques, vieille encore sous
les Walpole. Et elle a été très-jeune vers la fin du
XVIIIe siècle, quand elle prit toutes les mers, prit
son essor immense d'industrie, de production, centupla
le bras de l'homme par la vapeur, par la machine.

La France, sous M. Guizot, était vieille. Aux années
suivantes, malgré un gouvernement détestable, elle fut
jeune de production, jeune de circulation nouvelle, jeune
en Crimée, en Italie. Hier, elle vieillissait. Mais la pi-
qûre de l'Allemagne lui a refait cette jeunesse ardente,
colérique et terrible, que Paris montre aujourd'hui, et
toute la France demain.

Comme l'Allemagne est traînée! Après le traité
Prusso-Russe, manifesté par la Russie (du 1er au 10 no-
vembre), le 26 son Parlement vote obstinément pour
Bismarck, pour la sanglante dictature qui décime

---

lement des Latins pour cela. Les Français, en majorité immense,
sont des Celtes (avec peu d'élémens romains). Les Espagnols sont
des Ibères et des Maures, avec peu d'élémens romains.

La langue ainsi trompe beaucoup, n'indique nullement la race.
Les Anglais, qu'on appelle Anglo-Saxons, à cause de leur idiome,
sont un mélange très-varié où le primitif fond breton est bien fort,
et plus fort encore un élément dont on ne parle pas, les immenses
émigrations de la Flandre industrielle (de 1200 à 1500), les émigrations hollandaises aux XVIIe et XVIIIe siècles.

aujourd'hui l'Allemagne, et demain l'attellera (*jumentum insipiens*) aux canons de la Russie.

Quoi! l'insolence de la Prusse; quoi! vos députés arrêtés, un prince même, George de Saxe; tout cela ne vous dit pas assez votre servitude? Cette constitution bâtarde, où les élus du suffrage universel ne peuvent rien pour la paix et la guerre, rien pour le sort de l'Allemagne, cela vous semble suffisant? Voilà cinq ans de dictature. Est-ce que vous allez encore armer ce Russo-Prussien, l'armer du droit souverain de prendre sans compter votre argent, vos enfans?

XII.

Ce que c'est que la Russie.

En 1851, le même gros nuage noir se montrait du côté de l'Est. Une ombre froide et malsaine pesait sur l'Europe. Le gouvernement d'alors, en préparant le 2 Décembre, faisait au Czar les plus humbles, les plus lâches soumissions. Son ambassadeur siégea dans le conseil de nos ministres ! Quelqu'un me dit avec horreur : « L'Empire russe va jusqu'à Calais. Moi je pars pour l'Amérique. »

Je regardai fixement ce monstre qui venait à nous, et je publiai un livre où j'exprimai à la fois mon horreur pour le czarisme, mes sympathies pour le bon et infortuné peuple Russe, âme en peine, horriblement *enchantée* dans cet Empire du diable qui lui a ôté toute vie, tout développement.

Ceux qui ont pu de leur front rompre une telle sépulture, briser ce charme maudit, furent des héros sans nul doute. J'ai voué un culte sincère aux grands mar-

tyrs de Russie, les Pestel et les Ryléief, la plus vive
sympathie à ses écrivains intrépides, Herzen, Bakounine,
Ogareff. Où reverrai-je jamais un cœur plus ardent
qu'Herzen (ce véritable Iscander) que j'ai perdu l'autre
année? Quel brillant esprit, quelle lumière rayonnait
autour de lui ! Il fut le révélateur terrible de la Russie,
vrai, nullement exagéré, en rapport parfait avec les
observateurs sérieux, le solide Haxthaüsen et tous les
meilleurs témoins. Son journal, le *Kolokol*, admirable
de patriotisme, témoigne des nobles illusions qu'il s'ef-
forçait de conserver. A mi-chemin, il fut frappé. De
nouveaux faits lui brisaient sa patriotique espérance.

Lui-même, avec une énergie, une éloquence incomparable, en parlant de Puchkine et autres, a dit la
force de mort qui est dans la Russie, comme elle s'éteint
elle-même en tout jet de vie qui lui vient. Et que de
peuples elle a éteints ! Qu'elle est grande, cette Russie,
comme puissance de destruction ! De combien de monumens lugubres, de tombeaux de nations, elle a couvert
le monde ! La Pologne incessamment va s'enterrer en
Sibérie, dans ces forteresses entourées des *tumuli* que
Pierre-le-Grand éleva des os des Suédois. Le Caucase,
naguère peuplé de la première des races blanches
(pour la beauté, l'énergie), aujourd'hui c'est un sépul-
cre. Cet esprit exterminateur, ce créateur de déserts
(même sans intérêt, sans but), est tel qu'il a fait dispa-
raître, sur une longueur de mille lieues, les pauvres
tribus de chasseurs qui donnaient quelque vie encore

aux bords de la Mer glaciale. (Je lis ceci dans le voyage
de deux ingénieurs Russes.) Tout ce côté de la planète
est devenu (comme est la Lune) un monde vide, effroya-
blement désert.

Le plus affreux du czarisme, c'est que c'est une
religion. Quelle monstrueuse impiété d'adorer un homme
vivant ! Comment cela est-il venu? Par la concentration
terrible qu'il fallut opposer aux grands déluges Tarta-
res. La furie de l'unité fit un Messianisme atroce qui
divinisa des monstres (un Iwan IV). Horrible incarnation
du meurtre, culte hideux de la mort ! Sincère pourtant,
exalté. On sait l'histoire de ce ministre d'Iwan qu'il fit
empaler, et qui dans sa longue agonie, n'eut qu'un cri:
« Dieu sauve le czar ! »

Le czar seul est dans les prières. La fidélité au czar,
c'est toute l'éducation religieuse. Il est plaisant que la
Russie, dans son opposition aux Turcs, dise hardiment:
« Je suis chrétienne; » qu'elle dise encore: « Je suis
grecque, contre les Osmanlis barbares. » Combien la
Grèce perdrait à passer sous le joug Russe ! combien
les Slaves du Danube ! Le terrible recrutement Russe
doit, à lui seul, leur donner l'horreur de ce Moloch du
Nord. Combien l'Asie est plus douce dans ses races naturelles que cette Asie bâtardée de bureaucratie allemande, où deux tyrannies se combinent et d'Orient et
d'Europe !

Tous les grands observateurs, Russes et autres, ont dit fortement : C'est un Janus, un Protée, un masque changeant, un mensonge immense, un monde où tout miroite à faux. La fameuse émancipation des serfs s'est trouvée en fait une aggravation du czarisme. Il est curieux de voir combien les Américains et autres se trompent là-dessus.

Cette religion avait, par le grand coup de Crimée, perdu beaucoup de son prestige. Le dieu était très-obéré. Un grand coup de fanatisme remonta sa divinité, et refit un peu ses finances.

Les 240,000 hommes qui font toute la noblesse russe (j'ôte les femmes, enfans, vieillards, car le tout fait 900,000) sont ou des fonctionnaires, ou des fils de fonctionnaires, d'anciens dignitaires de l'Empire. Un décret du père de Pierre, qui fit le paysan serf, créa leur propriété. Pierre la fit, et Alexandre, en 1861, sans difficulté, la défit. Il supprima le rideau de cette prétendue noblesse que ces créatures du czar tenaient entre lui et les serfs. Grand coup de théâtre : le Dieu czar, qui jusque-là était là haut, descend sur l'autel : « Me voici ! » Ce dieu vivant dit aux serfs, à ces 50 millions de morts : « Levez-vous. Vivez ! »

Si la noblesse subsiste et garde moitié des terres, une certaine primatie, elle reste pour être odieuse, pour que le czar pèse toujours comme protecteur du serf.

Ce bon czar qui le défend, qui lui donne la terre, comment le bénir assez ? Remarquez pourtant deux choses: c'est qu'en allégeant ainsi le paysan du côté du seigneur, le czar le charge d'autant pour son trésor impérial. En quatre ans, il a plus que doublé l'impôt direct (v. Wolowski).

Les 20 millions de paysans qui dès longtemps, sous Alexandre Ier, avaient été affranchis, et intitulés les libres paysans de la Couronne, ont trouvé le fonctionnaire impérial bien plus dur que le seigneur n'eût été. Ce fonctionnaire aujourd'hui, dans tout l'Empire, fait élire, confirme ou non le maire (staroste) de la Commune. En relevant à grand bruit la libre commune Russe, le czar la tient dans sa main; ce staroste qu'il° fait élire, n'est rien que son mannequin.

Cher Herzen! cher Ogareff! quel coup pour votre poésie! Herzen, avec l'effusion de son admirable cœur, dit: « Notre nouveau symbole, c'est le pain! Le seigneur ne mangera plus le pain du pauvre paysan. » Oui, mais c'est le czar qui le mange, en doublant, triplant l'impôt.

Le faux nourrisseur de peuple, le tyran socialiste que j'ai signalé souvent aux cités de l'antiquité, revient ici avec son masque, toute une vaste comédie qui fait l'admiration du monde. « La commune est rétablie! l'élection rétablie! le jury, les assemblées provinciales! Rien n'y manque. L'Angleterre, l'Amérique n'est rien à côté! »

Vous me croyez donc bien simple? Moi, je vous dis et vous jure que tout cela ce sont des mots.

Ah ! quand je vois qu'en Angleterre l'élection est si souvent payée, faussée, — le jury trié de France si vain, si peu sérieux, — vous voudriez me faire croire qu'en Russie ce paysan, dégradé depuis deux siècles, cet homme qui n'avait à lui ni sa femme, ni sa fille, cet homme qui vivait de coups, est sur-le-champ un homme libre? Électeur? il élira comme veut le fonctionnaire. Juré? celui-ci lui dira s'il doit absoudre ou condamner. Tout est vaine cérémonie. Cette liberté nouvelle, son vrai nom, c'est *le tyran*.

○

L'erreur de l'Europe est de croire que cette révolution intérieure, certaines résistances sourdes de la noblesse, peuvent occuper, embarrasser, paralyser la Russie. Très-fausse supposition. Cet imperceptible peuple de nobles est nul d'action, évanoui de terreur. Il vit par grâce, à genoux. Vit-il? non. Il n'y a plus en Russie qu'une seule personne vivante, le Czar, en qui se résume la force des masses d'en bas, cinquante, soixante millions d'êtres qui ne sont rien en eux-mêmes et qui n'existent qu'en lui. Seront-ils des hommes un jour? Cela se peut. Pour aujourd'hui, ils ne sont rien qu'une force, une machine à vapeur. Peut-on la laisser au repos? Son épouvantable unité, qu'elle vient d'acquérir hier, peut-on ne pas l'employer?

D'elle-même elle gravitera vers le Midi et l'Ouest. C'est son mouvement naturel. La Russie est très-mobile.

Elle a été retardée, mais va reprendre sa marche. Par la Bohême d'abord (par un parti d'insensés), elle aura une porte de l'Allemagne. De l'autre côté, la Prusse, malgré ses petits essais passagers d'affranchissement, ne pourra garder l'Allemagne qu'en opposant à ses réclamations la terreur de la Russie.

La dissolution de la France qui frappa le coup de Crimée, la dissolution de l'Autriche qui timidement montrait quelque faveur à la Pologne, c'était toute la pensée Russe. M. de Bismarck a été son excellent instrument. Aux Sabbats de Biarritz, où le Tentateur obtint du malade fasciné un pacte contre lui-même, la Russie errait autour, observait son Prussien. L'esprit funèbre dont on n'a jamais vu les yeux (sous d'impénétrables lunettes), l'esprit appelé Gortschakoff, regardait l'autre opérer.

N'opéra-t-il pas trop bien ? La victoire, la violence où Francfort, où le Hanovre, tant d'autres, fourrés dans un sac, poussaient de si terribles cris, montrèrent la situation double de M. de Bismarck. Pour faire taire ces Allemands, il promettait la Baltique, leur mettait en main son joujou (de suffrage universel, constitution sans garanties, etc., etc.). Et pour consoler son roi, pour consoler la Russie, il établissait aisément qu'on pouvait sans grand danger se prêter à cette farce. « Mais cette Baltique ? Mon cher, ces ports et cette marine ? Tout cela est-ce sérieux ? »

Un étranger qui, à cette époque, dînait chez M. de

Bismarck avec l'ambassadeur de Russie, eut un curieux
spectacle. Ces deux amis, après un léger nuage, s'étaient
doucement rapprochés. Rien de plus charmant que de
tels retours. Mais celui-ci ménagé discrètement en doux
regards échangés, en mots couverts, fins et tendres,
c'était, par devant témoins, de nombreux témoins, une
scène intime, une idylle diplomatique. L'observateur
sentit bien qu'il y avait là-dessous un pacte nouveau,
qu'un tel amour annonçait quelque grand malheur du
monde. Il ne souffla mot, frémit.

Attila aimait à rire. L'antiquité nous a gardé certaines de ces plaisanteries. En voici une récente (de
novembre 1870), qui ne semble pas mauvaise dans cet
ancien goût des Huns, mais assaisonnée aussi de demi-
hypocrisie qui est plutôt dérision.

Le Czar admire l'Allemagne. Il veut une armée citoyenne, il veut le soldat patriote. Son idéal est la landwehr,
une bonne armée *défensive*. Alors, à ses 700,000 hommes
il ajoute une prétendue landwehr de 500,000.

Tout cela pour faire une promenade au Bosphore,
aux embouchures du Danube. Là il trouvera un Prussien.
Là on verra si le Danube, selon les vaines promesses
de Bismarck à ses patriotes, sera un fleuve allemand.

Ce que le peuple Russe hait le plus en ce monde,
c'est l'Allemand. Pour un voyage *d'agrément*, nul doute
qu'à la Grèce même il ne préfère l'Allemagne.

Contre la France (et l'Ouest, la Hollande, l'Angleterre) on a fait un pacte, — dévoilé maintenant.

Mais un pacte avec la Mort, est-ce une chose sans
danger?

Comment M. de Bismarck s'en tirera-t-il avec son
terrible ami?

Au dénouement du Sabbat, Satan qui avait promis
à ses fils tous les biens de ce monde, et tout ce monde
à chacun, pour s'acquitter, avait un moyen final. Il
s'escamotait lui-même, fuyait en flamme légère.... De-
mandez à la fumée, à l'air, ce qu'il est devenu.

XIII.

L'unité indivisible de la France.
Sa renaissance sauvera l'Europe.

J'ai écrit ce petit volume dans l'obscurité de décembre, sous le grand linceul de neige qui couvrait toute
l'Europe. Sombre hiver où l'antique période glaciaire
paraissait recommencer.

Personne ou presque personne, chez les peuples
qu'on croit amis, n'élevait la voix pour la France. Dor-
maient-ils? On eût pu le croire. Paris était clos, muet,
ne savait plus rien de ce monde. Ses grandes voix
s'y étaient héroïquement étouffées, murées elles-mêmes. C'est le plus âgé, peut-être le plus faible qui a
parlé.

Il pouvait voir, observer. Un fait général surtout
le frappait, le travail immense qu'on faisait autour du
combat pour y produire, sinon la nuit, au moins de
fausses lueurs. C'était l'action hardie des vainqueurs
pour tromper, intimider, gagner la Presse européenne.
C'était ce chloroforme habile que par les journaux à

bas prix on insinuait aux pays qui se croyent les plus
éveillés. Par une certaine somnolence commençait le
mal singulier par lequel on a défini l'influence prusso-
russe : « *C'est le choléra.* »

Sur les routes principales, au Rhin, aux passages du
monde, un vaste réseau de police s'organisait, un filet
pour surprendre et arrêter toute libre communication.
Vain effort. Ce que la Russie a pu faire dans les ténè-
bres autour de sa proie, la Pologne, on l'essaye envain
dans le grand jour de l'Europe. Déjà au 1er janvier, il y
a un peu plus de lumière. Malgré tout, des avis certains nous arrivent de toutes parts.

Ils veulent nous faire la nuit. Je veux leur faire la
lumière, les éclairer malgré eux.

Tout ceci a procédé de l'ignorance où ils étaient
de la France, des très-faux renseignemens de leurs innombrables espions, qui les flattaient de l'idée que c'était
une proie facile. Que de fois ils s'y sont trompés !

Rien de plus sot que les polices, de plus trompeur.
En 53, déjà l'empereur Nicolas y fut pris bien rudement. Son principal espion, la vieille et spirituelle prin-
cesse de L*** fut consultée sur ceci: « La France osera-
t-elle la guerre? » Elle consulta elle-même certain pon-
tife doctrinaire qui répondit : « Elle n'osera. » De là les
défis insensés de Nicolas qui lui valurent le grand
soufflet de Crimée.

Cette fois-ci leur enquête, leurs missionnaires secrets, tous les moyens de police, de trahison, employés pendant près de quatre années, leur donnèrent mille renseignemens, mais une vue d'ensemble très-fausse. Les souverains qui vinrent à la grande Exposition de 67, crurent à la dissolution morale (et en prirent leur bonne part) ; ils jugèrent sur les actrices et les farces d'Offenbach où ils se pressaient eux-mêmes. En 69, à la vue de la débâcle politique, de notre violent réveil, ils se dirent : « Oh ! voici l'heure ! »

Mal raisonné, chers seigneurs. A ces momens de réveil, quels que soyent les dissentimens partiels, quel que soit le gouvernement (et fût-il le pire du monde), un peuple est fort redoutable.

Apprenez qu'en 69, la France était pleine de vie, d'une plénitude de force, d'une émotion sanguine, d'une hilarité colérique, qui centuplait cette vie.

Le mouvement socialiste qui vous donnait tant d'espoir, était tout local, restreint à quelques points populeux. Nos ouvriers, si agités, n'en étaient pas moins (aujourd'hui vous le voyez parfaitement) d'ardens citoyens, au besoin des combattans intrépides pour l'unité de la France.

Comment pouviez-vous ignorer sur quelle ancre puissante pose ce vaisseau qui vous semble si violemment ballotté ?

Le grand peuple paysan, qui est chez nous l'ancre et le câble, jamais n'eut d'assiette plus forte, étant récemment (surtout dans le Midi, dans l'Ouest) entré dans la propriété. Cela le liait sans doute au *statu quo* de la paix, mais cela le rendait bien ferme, bien fier, et bien redoutable si l'on touchait à la France.

Vous commencez à le savoir, et le saurez de plus en plus.

Je suis stupéfait de voir à quel point on ignore la France.

Qu'on ignore, qu'on méconnaisse sa faculté spéciale, certaine électricité qui par momens fait sa grâce, dans d'autres ses explosions, ses retours inattendus qui feraient sauter le monde; — qu'on l'ignore, je le comprends. Les plus illustres génies dans l'étranger n'ont pas pu eux-mêmes s'en faire la notion.

Mais ce qui est de simple fait, ce qu'on peut lire en cinq cents livres d'histoire, de droit, de statistique, jusque dans les almanachs, comment donc l'ignorez-vous, savante (si savante !) Allemagne?

Consultez les naturalistes, consultez la physiologie. Tâchez d'apprendre une fois ce que c'est que *l'unité organique*.

Un seul peuple l'a, — la France.

C'est le peuple le moins démembrable, celui où la circulation étant rapide et parfaite, un membre ne peut se séparer.

Tout ce que vous n'avez pas, sous ce rapport,

nous l'avons. *L'identité de la loi*, de la Flandre aux Pyrénées, s'est faite (nullement à l'époque récente qui la décréta), mais depuis des siècles, par le travail insensible, tout puissant, de la jurisprudence. *L'unité administrative*, la machine de Colbert, copiée de tant de nations souvent si maladroitement, chez nous n'a été que trop forte, faussée parfois, mais elle est une garantie essentielle de la personnalité nationale qu'on ne changera pas aisément. *L'unité de circulation* s'est accomplie justement dans ces vingt dernières années, non par les seuls chemins de fer, mais par les routes, surtout par des millions de sentiers tout nouveaux. La vie, le sang du Languedoc, de la Provence, en un moment coule en Alsace. Couper là-dedans, grand dieu ! ce sont des veines et des artères. Couper, c'est tuer le tout.

Une chose extrêmement antique, et très-propre à ce pays-ci, c'est la perfection singulière avec laquelle *la fusion des races* s'y est accomplie, l'échange et le mariage des diverses populations. Que vous êtes loin de cela ! Combien de siècles faudra-t-il pour changer l'unité fictive qu'on vous a bâclée ces jours-ci en une réelle union? Dites-moi quand le Prussien sera aimé du Bavarois. Je vous répondrai: « Jamais. »

Les forts souvenirs du passé, la grande tradition commune, *les fraternités militaires*, ont fort resserré nos liens. Tous les pères ont combattu, souffert, souvent péri ensemble. L'âme commune est dans leurs fils.

Une chose très-singulière, qui montre comme en
tout cela dans l'unité matérielle s'infiltre l'unité morale,
c'est que des provinces qu'on croirait de races différen-
tes et qui parlent des dialectes non français, sont justement plus françaises que le reste. La Bretagne, avec sa
langue à part, n'en est pas moins le roc, le primitif
silex sur lequel est bâtie la France. La Lorraine en
Jeanne d'Arc fut son épée, et bien d'autres de nos
terribles soldats (celui qui couvrit de son corps la
retraite de Moscou). C'est notre vaillante Alsace, héros
de travail et de guerre, c'est Strasbourg, nous l'avons
dit, qui a inspiré le chant où est l'âme vraie de
la France, généreuse, pacifique et clémente en pleins
combats.

Voilà notre forte unité.

Regardons celle des autres.

Supposons que les Fénians arrachent d'ici à demain
l'Irlande de l'Angleterre, qui dira qu'ils ont rompu
l'unité Britannique?

Supposons que la Catalogne se sépare de l'Espagne;
j'y aurai regret pour ce bel empire de provinces si peu
liées. Ce serait rompre un faisceau, plus que briser une
unité.

La glorieuse unité de la Pologne était réelle, dans
ce grand empire sacré qui sauva tant de fois l'Europe.
Cependant quand le pays Cosaque s'en arracha, ne sui-
vit-il pas des tendances bien fortes qui l'en distinguaient?
La Lithuanie elle-même, qui a donné à la Pologne tant

de génies en qui son âme a parlé à toute la terre, la rêveuse Lithuanie, avait une vie à soi, qui la mettait quelque peu à part de sa brillante sœur.

Au reste, l'unité morale, même imparfaite, me semble en toutes nations respectable. Je n'ai jamais souhaité que cette fatale rive du Rhin fût ajoutée à la France. Quoique l'Allemagne fût d'elle-même si peu liée, quoiqu'aujourd'hui son cruel lien de fer ne soit nullement union, je croirais une impiété de faire françaises malgré elles la Francfort de Gœthe, la Bonn où naquit Beethoven. Cela est vraiment Allemand.

Mais que nos voisins me permettent de leur dire une chose grave, sincère:

C'est qu'arracher l'Alsace, la Lorraine, d'un corps vivant, de l'unité organique la plus forte qui fut jamais, nous extraire avec un couteau ces viscères pour les fourrer dans un corps comme l'Allemagne qui est en formation, c'est une chirurgie étrange. Eh ! malheureux, pourquoi vouloir étendre la servitude, donner des serfs à la Prusse, à l'allié de la Russie, à cette avant-garde Russe? Laissez ces hommes à la France, dont vous-mêmes aurez besoin.

L'Europe qui en 1815 avait, malgré les Prussiens, rejeté l'idée du démembrement de la France, en 1870 n'en fut nullement éloignée, trouva naturel que la Prusse lui arrachât sa frontière de l'Est, cette France d'Alsace et de Lorraine sans laquelle le centre découvert n'a plus de sécurité.

Elle fut, en 1815, relativement clémente, après tant de sang, tant de maux qui avaient pu l'irriter. En 1870, après 45 ans de paix, n'ayant reçu de la France nulle injure, elle applaudit tout d'abord à la prétention étrange, à l'inexplicable fureur de l'Allemagne, qui n'avait rien encore souffert de nous, et qui disait sans prétexte: « Je veux arracher un membre à ce corps, lui couper tout près du cœur un morceau de chair sanglante. »

Cette énorme représaille des maux que la France *eût pu faire, qu'elle n'avait pas faits encore,* parut juste et naturelle à nos voisins et amis, auxquels nous venions d'ouvrir nos marchés commerciaux, qui vivent de nos denrées, et dont la France est la nourrice.

Les petits États, menacés par le dangereux voisinage d'un gouvernement militaire et vexés de sa police, comme Genève, étaient bien plus excusables. Mais en général, la haine, dans chaque État, fut en raison de la jalousie, de l'envie, beaucoup plus que relative au mal qu'eût pu faire la France, qu'elle ne faisait pas encore, mais que l'on craignait toujours.

Chacun s'empressait de dire: « C'est la France qui l'a voulu ! Les Français ont commencé. » Personne ne voulait tenir compte des engagemens violés, des provocations constantes de la Prusse pendant quatre années, de l'espionnage militaire, des officiers, ingénieurs, surpris sur nos forteresses dont ils relevaient les plans, etc.

La Pologne s'attrista. On assure que ceux de Posen montraient une vive répugnance à combattre contre la France. Aussi on les a jetés à Wœrth, à Gravelotte, au feu le plus meurtrier.

Le Danemark s'attrista. Il se souvint que la France avait stipulé pour lui « que le Sleswig voterait librement. » Stipulation dont la Prusse se moqua.

La Suisse d'abord favorable aux Allemands, n'en fut pas moins admirable de sagesse, de charité, de désintéressement. Elle refusa les agrandissemens que M. de Bismarck lui offrait généreusement aux dépens de la France.

Il en offrait à tout le monde. Il cherchait partout des complices. Il éprouva de l'Italie même refus, quoiqu'elle restât aigrie contre ceux qui si longtemps lui avaient détenu Rome.

Même rancune en Amérique pour la secrète intelligence de l'Empire avec les Sudistes. Elle reconnut la République, mais lui nuisit extrêmement par la présence de ses illustres généraux au camp de nos ennemis.

L'Amérique et l'Angleterre avaient été habilement travaillées. Celle-ci, au moment du désastre, offrit un étrange spectacle. Ses ministres se cachèrent, s'enfuirent (aussi bien que la reine, toute prussienne), pour ne rien savoir, n'avoir à répondre à rien.

La reine Victoria, la reine Augusta de Prusse, sont chrétiennes, très-chrétiennes. Leurs sentimens méthodistes, l'aigreur dévote des hautes classes contre la France

voltairienne, sont pieusement exprimés par un lord
(*Pall Mall Gazette*, 15 décembre): « Quel spectacle
odieux, dit-il, de voir des coupables vaincus qui refu-
sent l'expiation? » Ils ne remercient pas la Prusse qui
leur fait faire pénitence et travaille à leur salut. Ils sont
tellement endurcis, si féroces, selon ce lord, que ces
pauvres Allemands pourront être assassinés, s'ils entrent
jamais dans Paris.

Les *reporters* de Bismarck, qu'il mène avec lui,
qu'il régale, enchérissaient sur ces aigreurs par de lâches risées, des nouvelles d'invention, donnant des
tableaux sarcastiques de Paris qu'ils ne voyaient plus,
qui, dès le 19 septembre, était investi et clos. Tout-à-
coup un éclair luit.... La note russe du 1er novembre....
un bruit aigre de raquette comme fait une mitrailleuse....
Jean qui rit devient *Jean qui pleure*.... Quelle grimace !
quel jeu des muscles bizarre et démoniaque dans ce
rire brusquement tordu !

Au reste, la grande Angleterre n'était pas avec ces
bouffons. Elle hésitait, ne riait point. Elle sembla s'éveiller, en se voyant seule au monde en face de l'ours
blanc, seule !... Elle dit: « Où est la France? »

Oh ! qu'on sent bien dans ces momens combien
chacune de ces grandes nations est nécessaire au monde,
quelle éclipse épouvantable ce serait si une seule péris-
sait ! Quelle serait la désolation, l'horreur de toute
la planète, si l'on apprenait un matin que l'Angleterre
a sombré, descendu dans l'Océan !... Cette folle Allema-

gne elle-même qui, contre ses intérêts, s'acharne tellement sur nous, si la Baltique descendait sur elle, quel
serait notre deuil !

Le sentiment européen peu à peu s'est réveillé.
Ceux qui croyaient nous aimer peu, que l'Empire tenait
en crainte ou la France en jalousie, se sont trouvés
tout-à-coup pris d'un retour fraternel. Cela a été admirable chez le chaleureux peuple Belge, touchant et at-
tendrissant. On ne lira pas sans larmes l'empressement,
la violence, le transport de charité qu'ils eurent en
voyant nos blessés, en se les partageant de maison en
maison, se les disputant. Les chirurgiens n'avaient vu
rien de tel, ne le verront jamais. On querellait pour en
avoir. Tel disait à son voisin : « Pendant que je suis
sorti, tu m'as donc volé mon blessé ! Rends-le moi !...
Sinon.... » Et voilà que les deux voisins se battaient !

Il y a un héros en Europe. Un. Je n'en connais pas
deux. Toute sa vie est une légende. Comme il a les plus
grands sujets d'être mécontent de la France, comme on
lui a volé Nice, comme on a tiré sur lui à Aspromonte,
Mentana, vous devinez que cet homme va se dévouer
pour la France. Et combien modestement ! Peu importe
où on le mette, au poste le plus obscur et le moins
digne de lui.... Grand homme, mon seul héros, toujours
plus haut que la fortune, comme sa sublime pyramide
monte, grandit vers l'avenir !

Elle sera belle l'histoire des nobles cœurs italiens
qui firent tant d'efforts pour le suivre. Ni la mer, ni

l'horreur des Alpes en plein hiver, ne les arrêtait. Quel hiver ! le plus terrible. Dans une tempête de neige qui a duré plusieurs jours et fermé tous les passages (fin novembre) un de ces vaillans n'a pas voulu s'arrêter. A travers l'affreux déluge, de station en station, il a obstinément monté. Le tonnerre des avalanches n'a pas pu le retarder. Il a monté, opposant aux frimas qui le raidissaient la force de son jeune cœur. Tout hérissé de glaçons, quand il arriva au haut, il n'était plus qu'un cristal. La tempête avait fini, l'homme aussi. Il se trouva fini, raidi sous la voûte d'où l'on voit déjà la France. C'est là qu'on l'a retrouvé. Rien sur lui. Point de papier qui le fit connaître. Tous les journaux en parlèrent, mais ne purent pas dire son nom.... Son nom ? Je vais le révéler. Celui qui d'un si grand cœur, dans cet abandon de la France s'était élancé vers elle, il s'appelait.... *Italie.*

Enregistrons les témoignages généreux que des Anglais nous ont donnés à ce moment, pour avertir dignement leur nation de ce qu'elle doit de secours à une sœur.

L'illustre John Russel et nombre d'Anglais ont dans différens journaux parlé noblement pour nous, pour leur patrie elle-même si intéressée dans notre sort. Mais personne ne s'est exprimé avec plus de verve, de vigueur et de raison, que M. Harrisson dans un mémorable article (*Fortnightly Review*), article que je considère comme un fait national d'importance supérieure, et qui restera pour témoigner de la communion profonde qui existe entre les deux grandes nations de l'Occident.

Il y déplore le pas immense que la Prusse, dans cette guerre, fait faire en arrière à l'Europe, pas moins de cinquante années. Guerre sauvage d'un caractère que n'eurent pas même les grandes guerres de l'Empire, guerres d'élan et de vaillance, sanguines, moins froidement calculées.

Il y, dit ce que peu disaient: C'est que la défense inespérée de la France est une chose héroïque, étonnante, que nulle nation n'offrit en pareils revers.

« Ce qu'elle perd en ascendant matériel, elle le regagne en ascendant moral. Autour d'elle se grouperont les peuples, les républicains d'Europe. Ses souffrances donneront à cette cause une nouvelle impulsion. Dorénavant on sent que le peuple Français (même aux yeux des démocrates Allemands) porte l'étendard du progrès. »

Le même écrivain affirme, ce qui d'ailleurs se voit assez par les grandes manifestations, c'est que les ouvriers anglais ont ressenti devant ce spectacle de la France une émotion profonde, et cela malgré les efforts étonnans que l'on faisait pour en neutraliser l'effet.

Malgré tant d'indignes journaux sur qui pèse l'aristocratie et l'influence prussienne;

Malgré les gros fabricans, tellement voués à la paix,
qu'ils la soutiendraient encore quand la guerre vien-
drait dans Londres;

Malgré leurs propres intérêts en jeu, la crainte
du chômage; ces ouvriers jugent avec beaucoup de sens
que si l'Angleterre est perdue comme puissance extérieure, la fabrique ne sera pas seulement suspendue,
mais tuée.

Au reste, il y a dans ce peuple une gravité naturelle qui par momens le rend très-juste. Chacun en a
été frappé pour la grande affaire du coton dans la dernière guerre d'Amérique. Dans leurs *meetings* ils ont
voté pour la justice absolue et contre leurs intérêts.

Si les honnêtes travailleurs de l'Angleterre, comme
ceux de l'Allemagne, avaient sur la France quelques préjugés, il ont dû en revenir. Ils ont vu tout ce qu'il y a,
sous des apparences parfois légères, de force morale,
de dignité réelle. Où a-t-on jamais vu, dans la plus
violente crise, une telle révolution, grandiose de force
et de douceur? Dans Paris, cet Océan multiforme de
deux millions d'hommes, si peu de trouble, point de
sang. L'agitation socialiste, l'impatience du combat,
qui y firent un jour d'orage, n'y furent pas moins très-
humaines. A Lyon, *un homme* a péri. Vrai malheur,
excellent prétexte aux injures de l'ennemi. *Un homme !*
c'est beaucoup sans doute. Mais quand on a traversé
comme moi toute l'histoire, tant de révolutions sanglantes chez les peuples qu'on dit les plus sages, on est

stupéfait vraiment de voir qu'*un seul* homme ait péri.
Un seul dans l'état violent où nous mettaient nos misères! *Un seul* parmi tant de traîtres bien connus et tant
d'espions !

Quelle puissance elle a tout-à-coup cette république
pour l'ordre, la sûreté des personnes, des propriétés ! Le
pouvoir civil commande : tout le militaire obéit. Gouvernement simple et fort qui ne coûte plus rien au
peuple. Avec quelle régularité celui-ci paye l'impôt nécessaire à ses armées, employé pour son salut !

Tout cela fera réfléchir et les ouvriers anglais et
bien d'autres en Europe, lorsqu'ils poseront en face
les trahisons visibles de la monarchie. En France, elle
a livré l'armée. A Londres, elle livre l'honneur, la sûreté du pays. Les parentés dynastiques ont fait des rois
et des reines une funeste famille qui a ses intérêts à
part, le plus souvent contre les peuples. On a vu ainsi
le grand traître, Charles Ier, le parent et l'ami de l'ennemi, refuser d'intervenir au début de la guerre de
Trente ans, oublier l'honneur anglais et regarder froidement la mort de deux millions d'hommes.

La Couronne et la Fabrique ont très-bien marché
d'ensemble. Leur organe, M. Gladstone, lestement a dit
au peuple : « Mêlez-vous de vos affaires ! » — « Mais
le Russe se moque de nous ! Mais on tire sur nos vaisseaux ! Mais on ne daigne pas même laisser arriver vos
lettres à Paris, on les garde dans sa poche » — « Mêlez-
vous de vos affaires. »

« Il n'y a pas d'affaire plus grande que le salut du pays.... Quand vous aurez laissé prendre la Belgique et la Hollande, quand les Prussiens auront la flotte cuirassée de la France, quand vous les verrez descendre.... où en seront nos affaires ? »

Il est certain que Paris, en résistant si longtemps, sauve la France, et que la France en résistant sauve l'Europe.

La merveille, c'est d'avoir pu avec ces jeunes légions, si novices, retarder et entraver de grandes armées aguerries, les corps permanens de la Prusse, et ce déluge d'un million d'hommes que cette Prusse nous lançait. Que nos mobiles, sortant de la charrue, de l'atelier, du comptoir ou de l'étude, ayant marché contre ce monde de guerre, qu'ils ayent eu des revers même, cela déjà est admirable. Des revers? c'est déjà beaucoup. Cela a fait bien songer l'Europe. Ces héroïques revers sont le chemin de la victoire.

Oui, l'Europe a admiré, l'Europe s'est attendrie devant cette lutte inégale, devant ces enfans sublimes qui, contre les vieux soldats, contre les machines de mort si industrieusement calculées, marchent, se font battre et tuer. La terre en est rajeunie. Elle a refleuri de leur sang.

Qui parle de nos divisions? Où sont-elles? Quelques-uns croyent (des amis, des ennemis) que nous sommes affaibis par la question sociale, que nous sommes en convulsion, etc., etc. — Quelle erreur! Ils ne savent pas que ce bouillonnement même est ce qui nous rend redoutables. — Les passions de 69, les colères qui montaient en nous, la fermentation populaire, tout cela a pris un cours nouveau, et avec une force qu'un peuple non ému d'avance n'eût jamais trouvée en lui.

Maintenant l'affreux fléau qui a dégagé cette force, la sert et l'augmente. Comment? c'est comme après 93. Nous voici légers, purgés. Nous avons évacué Bonaparte et ses généraux. Nous avons mis bas, de nous-mêmes, ce qui en nous fut le vieil homme, l'indolence, cent vaines dépenses, un grand bagage de vices coûteux qui régnaient hier.

Voici l'ouvrier armé. Voici le paysan qui s'arme. Une émulation générale règne entre toutes les classes. Nulle défiance. Je l'ai expliqué. Équilibrée comme elle est, la France peut regarder en face la question sociale.

Nos ouvriers intelligens connaissent la situation à merveille. Ils voyent près d'eux leur énorme contre-poids, tant de millions de paysans. « Respectez le paysan, » leur a dit très-bien Bakounine dans sa récente brochure. Respect à son champ, à la terre. On n'y touche pas sans mourir. La majorité agricole, aux moindres craintes là-dessus, referait dix fois le tyran.

Nos ouvriers savent la France, et déjà aussi l'Europe. C'est pour elle un vrai bienfait qu'ils commencent

à la voir d'ensemble, à étendre sur elle leurs regards. Ils
avaient très-bien jugé (comme les ouvriers allemands
et anglais) sur la question de la guerre. Ils ne jugeront
pas moins bien sur la question commerciale. Connaissant parfaitement le marché Européen, le prix auquel
chaque peuple produit (sous peine de voir le capital
s'envoler), ils ne voudront que le possible. Le sens de la
fraternité qui, dans ces dernières circonstances, a si noblement éclaté entre eux, nous porte à croire qu'ils
seront de plus en plus associables, et que leurs asso-
ciations, produisant à meilleur marché, rendront chaque jour moins utile et plus rare le patronage.

Donc, la question sociale nous touche et ne nous
fait pas peur. La révolution nouvelle va fort la simpli-
fier. Il adviendra ce qui arrive après de tels bouleve-
semens, c'est que dans l'activité énorme qui leur succède,
le travail et le travailleur ont tout-à-coup un prix nouveau. « Le capital prie le travail, » comme dit très-bien
Harrisson. Le riche qui n'a que de l'argent, et qui
risquerait de mourir sur son argent inutile, dépend du
vrai riche, j'entends de l'homme qui a la main et
l'esprit productif, qui crée. Le possesseur, en d'autres
termes (admirable renversement de la société ordinaire), le possesseur est alors le client du créateur, le
banquier de l'ouvrier.

Un souverain enseignement nous sort de ce grand
naufrage.

La question sociale doit s'harmoniser dans la question supérieure, sacrée, de la liberté. Sinon tout périt à la fois, — et la Patrie elle-même.

Préoccupés de la première question, et trop absorbés, nous avons glissé dans l'abîme. On nous regardait noyer.

Plus profondément nous tombâmes, et plus vivement la France, en frappant du pied le fond, s'est soulevée, remontée.

Par bonheur pour tous. Elle seule, dans son équilibre unique, raffermie sur sa forte base, peut attendre la tempête, grouper le monde du travail, défendre ses ennemis même, arrêter les grandes masses noires qui se voyent à l'horizon.

TABLE.

—

III. — Pourquoi la France est haïe.

IV. — Qui a préparé la guerre.
De l'espionnage allemand. 1867-1870.

V. — Le triomphe de la machine.

VI. — La pourriture de l'Empire.

VII. — L'Empereur nous livre à Sedan.

VIII. — L'âme invincible de la France.

IX. — Fureurs barbares. — Système Russe des Prussiens.

X. — Strasbourg.

XI. — A l'Allemagne.

XII. — Ce que c'est que la Russie.

XIII. — L'unité indivisible de la France.
Sa renaissance sauvera l'Europe.